Inhaltsverzeichnis

Vorwort

Liebe Kolleginnen und Kollegen,

die Themen „Kirche“, „Gottesdienst“ und „Ökumene“ sind wesentliche Bestandteile des evangelischen und katholischen Religionsunterrichts. Die Kinder bringen zu diesen Themen immer weniger Vorerfahrungen mit, somit ist es Aufgabe des Religionsunterrichts, auf die Fragen der Kinder einzugehen und Erfahrungsdefizite auszugleichen.

Den Kindern soll die Möglichkeit gegeben werden, die Kirche als Haus der Glaubensgemeinschaft mit ihren typischen Einrichtungsgegenständen und Funktionen kennenzulernen und zu erfahren. Der Gottesdienst als Versammlung der Christen ist den Kindern häufig nur als Schulgottesdienst vertraut. Hier bietet der Religionsunterricht Raum für die Erfahrung der Gemeinschaft und das Erleben wiederkehrender Strukturen im Ablauf eines Gottesdienstes / einer Messe.

Damit die Kinder ihren eigenen Glaubensweg finden, ist es wichtig, sich mit seiner eigenen Konfession und seinem eigenen Glauben auseinanderzusetzen. In ihrem täglichen Umfeld kommen Kinder auf vielfältige Weise mit getrennten Konfessionen in Berührung (z. B. unterschiedliche Kirchengebäude, unterschiedliche Konfessionen in der Familie, getrennter Religionsunterricht, evangelische und katholische Feiertage etc.). Diese Trennung innerhalb des Christentums ist für die Kinder verwirrend und schwer zu verstehen. Daher ist es unerlässlich, den Kindern Hilfen zum Verständnis der anderen christlichen Konfession zu geben. Durch das Wissen über andere Glaubensrichtungen kann die Toleranz gegenüber Andersgläubigen gestärkt und der eigene Glaube bereichert werden.

Dieses Heft bietet ausführliche Stundenverläufe sowie alle für die Durchführung der Stunden benötigten Materialien, sodass auch Kollegen mit weniger Vorerfahrungen im Fach Religionslehre die Themen „Kirche“, „Gottesdienst“ und „Ökumene“ problemlos durchführen können.

Aufbau des Heftes

Zu Beginn findet sich die Übersicht „Rituale für den Religionsunterricht“ (s. S. 4 u. S. 5). Hier werden alle unterrichtsrelevanten Rituale aufgeführt und erklärt.

Anschließend erfolgen die drei Unterrichtsreihen „Unsere Kirche – ein besonderes Haus“, „Gottesdienst“ und „Katholisch – evangelisch – Ökumene“, die jeweils folgendermaßen aufgebaut sind:

- Theologisch-didaktischer Kommentar
- Ziele der Unterrichtsreihe
- Überblick / Verlauf der Reihe

Jedes der drei Kapitel beginnt mit einem passenden Deckblatt. Dieses Deckblatt kann in der gestalteten Mitte (s. auch S. 4) auf das Oberthema verweisen und dient in der Religionsmappe der Kinder als Themendeckblatt. Bewusst haben wir den theologisch-didaktischen Kommentar auf das Wesentliche beschränkt und verweisen auf die aufgeführte Sekundärliteratur (s. S. 3).

Jede Unterrichtsstunde ist wie folgt aufgebaut:

- Benötigte Materialien (Auflistung)
- Ablauf
  - Einstieg
  - Erarbeitung
  - Arbeitsauftrag
  - Arbeitsphase
  - Abschluss

Nach der Ausarbeitung der Einzelstunden folgen jeweils die für die Einheit benötigten Kopiervorlagen. Im Liederanhang (s. S. 60) befinden sich die für die Unterrichtsstunden vorgesehenen Liedtexte und Noten, die das Unterrichtsthema ergänzen und vertiefen. Besonders für jüngere Kinder bietet es sich an, die Lieder mit passenden Bewegungen und Gesten zu unterstützen.
Die Unterrichtsreihen beinhalten vielfältige Methoden, die den Kindern unterschiedliche Zugänge zum Lerninhalt bieten und verschiedene Ausdrucksformen zulassen. Mit den beigefügten Materialien und Erklärungen können diese problemlos durchgeführt werden.

Wichtige Hinweise
- In der Unterrichtsreihe „Unsere Kirche – ein besonderes Haus“ ist ein Unterrichtsgang zur Kirchengemeinde der Schule vorgesehen. Dazu ist es im Vorfeld wichtig, die Kirchengemeinde frühzeitig zur Terminabsprache zu kontaktieren und die Eltern zu informieren (s. Kopiervorlage „Elternbrief“, S. 19).
- ☆: Dieses Differenzierungssymbol zeigt in den Unterrichtsreihen Differenzierungsmöglichkeiten an.
- Der Stationslauf zur Unterrichtsreihe „katholisch“, „evangelisch“, „Ökumene“ (s. ab Seite 42) beinhaltet je eine  einfache und eine  schwierige Aufgabenvariante. Die Lehrkraft entscheidet im Vorfeld, ob die Kinder zwischen den Angeboten selbst auswählen oder ob vorgegeben wird, welchen Schwierigkeitsgrad die Kinder bearbeiten. Sie erhalten den vorbereiteten Laufzettel (s. S. 42), ab Seite 43 die Auftragskarten (jeweils im DIN-A5-Format) und ab Seite 48 die dazugehörenden Arbeitsblätter.

Wir wünschen Ihnen viel Spaß und Erfolg mit unseren Materialien.
Katja Zigan und Sonja Schneider

Hinweis:
Aus Gründen der besseren Lesbarkeit wird in diesem Heft auf die Differenzierung von Schülerinnen und Schülern verzichtet. Selbstverständlich sind stets beide Geschlechter angesprochen.

Literaturverzeichnis:

- Die Bibel. Nach der Übersetzung Martin Luthers. Deutsche Bibelgesellschaft. Stuttgart 1985.
- Freudenberg, Hans (Hrsg.): Religionsunterricht praktisch: Unterrichtsentwürfe und Arbeitshilfen für die Grundschule. 3. Schuljahr. Hrsg. v. Hans Freudenberg. Vandenhoeck & Ruprecht. Göttingen 1995.
- Dreiner, Esther; Frisch, Hermann-Josef: Lebenswege 2. Religion in der Grundschule. Kommentar. Patmos Verlag. Düsseldorf 2000.
- Dreiner, Esther; Frisch, Hermann-Josef: Lebenswege 3. Religion in der Grundschule. Kommentar. Patmos Verlag. Düsseldorf 2001.
- Frisch, Hermann-Josef: Lebenswege 4. Religion in der Grundschule. Kommentar. Patmos Verlag. Düsseldorf 2002.

Rituale für den Religionsunterricht (1)

Rituale sind verinnerlichte Abläufe, die Kindern Sicherheit und Orientierung bieten. Sie entlasten den Unterricht, um diesen nicht ständig neu ordnen zu müssen. Außerdem eignen sich Rituale dafür, Kindern Erfahrungen zu eröffnen, denen sie in ihrem Alltag kaum begegnen:

1. Erfahrungen von Gemeinschaft, die zusammen etwas gestaltet und damit Zugehörigkeit vermittelt
2. Erfahrungen von Feiern
3. Erfahrungen von Wert und Sinn durch Besinnung, Ruhe, Meditation …
4. Erfahrung: Ich bin wichtig, ich gehöre dazu, ich kann mich mitteilen.

Im Religionsunterricht kommt Ritualen besondere Bedeutung zu; die Kinder mehrerer Klassen treffen sich zweimal in der Woche zum Religionsunterricht. Rituale können die Gemeinschaft in der Religionsgruppe fördern, zu einer entspannten Lernatmosphäre beitragen und beziehungsstiftendes Lernen ermöglichen.

Im Folgenden werden die Rituale, die in diesem Heft eine Rolle spielen, ausgeführt:

- **Die gestaltete Mitte**
  Die gestaltete Mitte wird passend zum Thema gestaltet (durch farbige Tücher, Impulskarten, Gegenstände, Bilder etc.) und erleichtert es den Kindern, die Aufmerksamkeit auf das zu lenken, was in der Unterrichtsstunde thematisiert wird und wichtig ist. Das Interesse und die Motivation der Kinder, den Unterricht aktiv mitzugestalten, werden geweckt und die Kinder können sich auf das Thema einlassen.

- **Eine Kerze anzünden**
  Eine Kerze in die gestaltete Mitte zu stellen, schafft zum einen eine feierliche und ruhige Stimmung. Zum anderen liegt der Bezug zu Jesus Christus zugrunde, denn Jesus hat gesagt: „Ich bin das Licht der Welt. Wer mir nachfolgt, der wird nicht wandeln in der Finsternis, sondern wird das Licht des Lebens haben.“ (Joh. 8,12)

Tipps: Für die Kinder ist es ein besonderer Moment, wenn sie selbst die Kerze anzünden dürfen. Damit jedes Kind an die Reihe kommt, ist es sinnvoll, eine Kerzenliste zu erstellen. Dazu werden die Namen der Kinder untereinander in die Kerze geschrieben (s. Kopiervorlage „Kerzenumriss“, S. 6). Eine Wäscheklammer am Rand zeigt an, welches Kind an der Reihe ist. Zusätzlich kann die Wäscheklammer mit einem aufgeklebten Pfeil versehen werden.

Besonders schön ist es, wenn die Kerze von den Kindern im Religionsunterricht gemeinsam gestaltet wird. Dazu werden eine große Stumpenkerze und bunte Wachsplatten benötigt. Aus den Wachsplatten werden von den Kindern verschiedene Bilder, Symbole oder Buchstaben erstellt und anschließend auf die Kerze geklebt.

Wichtiger Hinweis: Bitte erkundigen Sie sich zuvor, ob es an Ihrer Schule erlaubt ist, eine Kerze im Unterricht anzuzünden.

Rituale für den Religionsunterricht (2)

- **Ein gemeinsames Lied singen**
  Kirchenlieder bzw. religiöse Lieder dienen zum Loben, Danken und Bitten an Gott. Sie vermitteln ein Zusammengehörigkeitsgefühl unter den Kindern, die oftmals aus verschiedenen Klassen zusammenkommen. Sinnvoll ist es, wenn die Lieder passend zum Thema ausgewählt und zur Festigung in mehreren Unterrichtsstunden hintereinander gesungen werden.

- **Gefühlsrunde mit dem Gefühlswürfel**
  Über ihre eigenen Gefühle zu sprechen, fällt vielen Kindern sehr schwer. Mit Hilfe des Gefühlswürfels (s. Kopiervorlage „Gefühlswürfel“, S. 6) können die Kinder passend zu ihrer Stimmung das entsprechende Gesicht auswählen und genauer erklären, warum es ihnen so geht.

- **Stilleübung mit den Klangkugeln**
  Sowohl im Schulalltag als auch zu Hause erleben die Kinder immer weniger Phasen der Ruhe und Stille. Umso wichtiger ist es, dass sie Stille bewusst erleben und genießen können. Dazu wird eine Klangkugel im Stuhlkreis herumgegeben. Diese muss so vorsichtig weitergereicht werden, dass der Klang der Kugel nicht ertönt. Zusätzlich kann ein Kind bestimmt werden, das im Kopf mitzählt, wie oft die Kugel geklingelt hat bzw. wie häufig andere Geräusche gemacht wurden. Nach dieser Stilleübung gelingt ein konzentriertes Arbeiten und Einlassen auf die Unterrichtsthematik.

Kerzenumriss

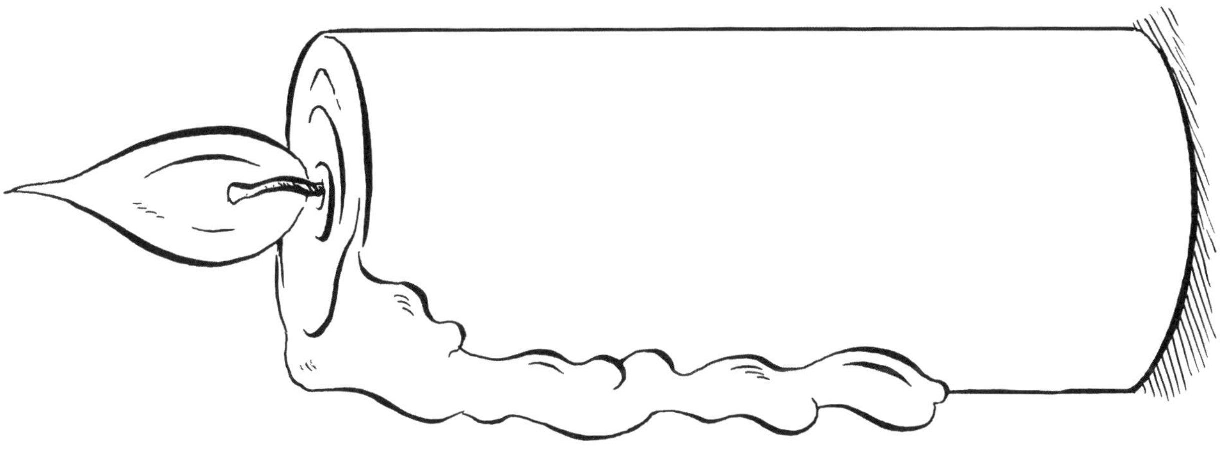

Gefühlswürfel

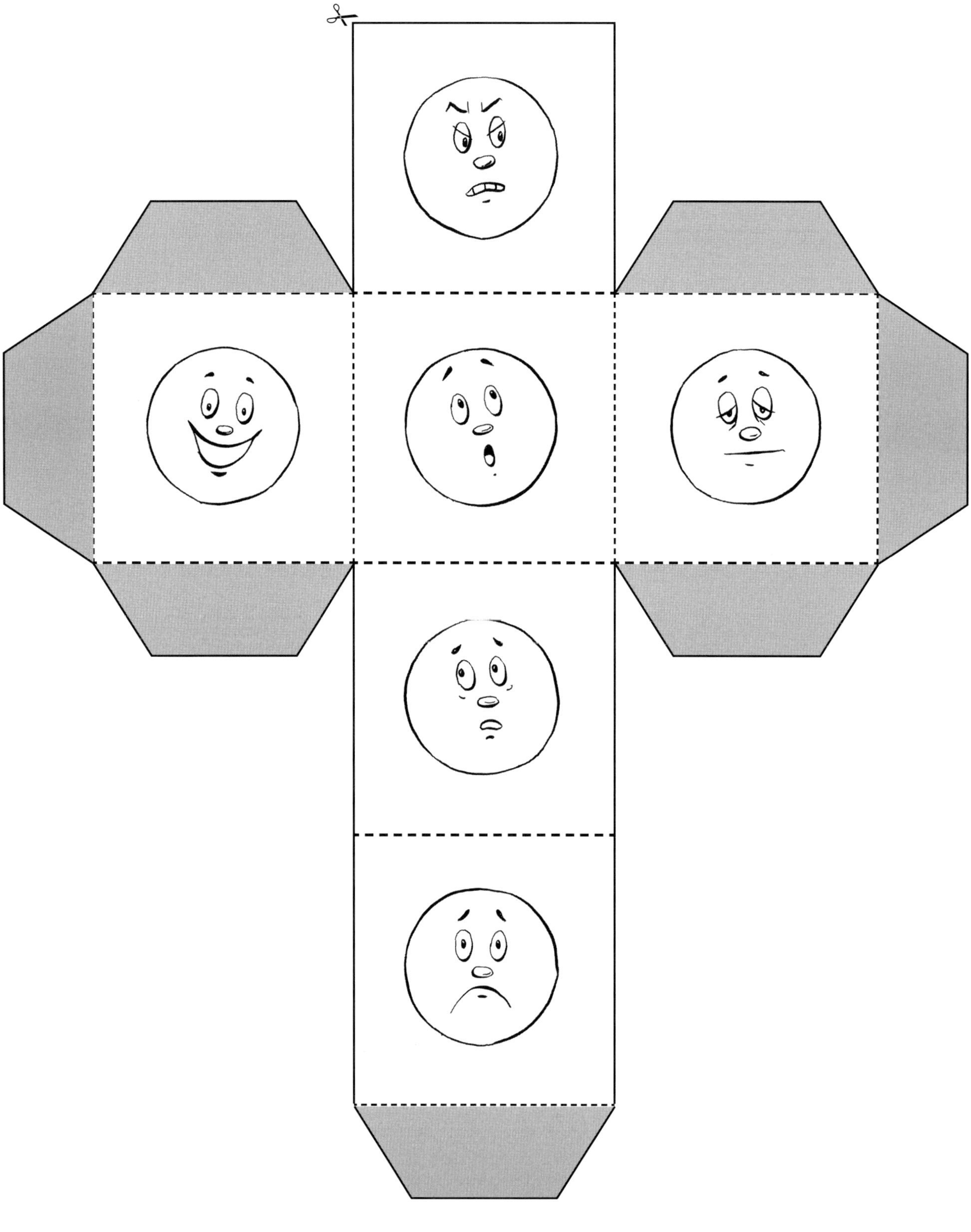

Unsere Kirche –
ein besonderes Haus

Name: ______________________________ Klasse: ____________

BVK PA213 • Sonja Schneider/Katja Zigan: Kirche, Gottesdienst und Ökumene

Unsere Kirche – ein besonderes Haus

Theologisch-didaktischer Kommentar:

Das Wort „Kirche“ wird aus dem Griechischen abgeleitet und bedeutet „dem Herrn gehörig“. Zum einen versteht man unter dem Begriff „Kirche“ das christliche Gotteshaus, zum anderen ist damit die Gesamtheit aller christlichen Kirchen und Glaubensgemeinschaften zu verstehen.
Die Kirche als Gebäude wäre nutzlos, wenn dort nicht Menschen zusammenkommen würden und so „lebendige Steine … zum geistlichen Hause“ (1. Petrus 2,5) wären. Somit kann Kirche nur bestehen durch Menschen, die gemeinsam Gottesdienst feiern und sich für die Gemeinschaft engagieren.
Kirchen als Häuser der Glaubensgemeinschaft haben sich im Laufe der Zeit in Gestalt und Ausstattung verändert, dennoch gibt es konstante Bestandteile, wie z. B. den Altar, die Kirchenbänke / -stühle, das Lesepult / die Kanzel, das Taufbecken etc.
Heutzutage ist vielen Kindern die Kirche als Bestandteil des alltäglichen Lebens nicht bzw. kaum vertraut. Somit ist es wichtig, dass sie die Kirche samt Einrichtung und Funktion kennenlernen und erfahren, dass die Kirche nicht nur ein Ort für den Gottesdienst ist, sondern auch verschiedene Aktivitäten angeboten werden, die sich speziell an Kinder richten (Pfarrfest, Gemeindefest, Kinderbibelwoche, Kinderkarneval, Trödelmarkt, Kirchenfahrten, Kindergruppen, Freizeitaktivitäten etc.).
Am besten können Kinder Kirche „erfahren“, wenn sie sich auf eine Entdeckungsreise in das Haus Gottes begeben können. Die Kirchengemeinde der Schule ist sicherlich gerne bereit, diesen besonderen Ort den Kindern während eines Unterrichtsgangs näherzubringen.

Ziele der Unterrichtsreihe:

Die Kinder haben die Möglichkeit, …

- die Kirche als besonderes Haus mit typischen Merkmalen kennenzulernen.
- die Kircheneinrichtung und deren Bedeutung zu erkunden und nach ihrem Sinn zu fragen.
- einen Überblick über Personen, Gruppen, Dienste und Kirchenaktivitäten der Gemeinde zu erlangen.
- ihre Kirchengemeinde der Schule in einem Unterrichtsgang zu erkunden.

Überblick / Verlauf der Reihe:

- Hier wohne ich
- Kirche – Haus Gottes
- In der Kirche gibt es viel zu entdecken
- Vorbereitung des Unterrichtsgangs zur Kirchengemeinde der Schule
- Unterrichtsgang zur Kirchengemeinde der Schule
- Nachbereitung des Unterrichtsgangs zur Kirchengemeinde der Schule

Hier wohne ich

Einstieg im Stuhlkreis:

– Gestaltete Mitte:
- bunte Tücher als Untergrund, Kerze in der Mitte
- Kopiervorlage „Ein Haus ist mehr als ein Haus“ (Evtl. kann die gestaltete Mitte durch Spielzeughäuser oder Bilder von Häusern aus Zeitschriften ergänzt werden.)

– Rituale:
- Kerze anzünden
- Lied: Du bist da, …
- Gefühlsrunde (s. S. 5)
- Stilleübung (s. S. 5)

Benötigte Materialien:
- bunte Tücher, Kerze
- Gefühlswürfel, Klangkugeln
- evtl. Hausumriss (s. S. 10)
- evtl. Spielzeughäuser oder Häuser aus Zeitschriften
- Stifte

Erarbeitung:

Die Lehrkraft deutet auf den vergrößerten Hausumriss in der Mitte des Kreises. Die Kinder äußern sich spontan dazu und werden ggf. angeleitet.

Mögliche Impulse:
- Beschreibe, was du siehst.
- Welche Häuser gibt es? (Schule, Wohnhaus, Krankenhaus, Kirche etc.)
- Was passiert in einem Haus? (leben, schlafen, spielen, essen, reden etc.)
- Welche Aufgaben / Funktionen hat ein Haus?
- Warum bauen wir Häuser? (Schutz vor Kälte / Wetter, schlafen, leben, Familie etc.)

Die Ergebnisse werden stichpunktartig von der Lehrkraft oder von den Kindern auf der Hausvorlage notiert.

Arbeitsauftrag:

Male dein eigenes Haus. Schreibe hinein, welche Aufgabe das Haus hat und was man darin macht / erlebt.

Arbeitsphase:

Die Kinder malen in Einzelarbeit ihr eigenes Wohnhaus. (Alternativ kann die Kopiervorlage verwendet werden.) Anschließend schreiben sie die Begrifflichkeiten in und um das Haus herum.

Abschluss:

Die Häuser der Kinder werden wie auf einem Stadtplan als Bodenbild angeordnet. Sollte ausreichend Platz im Klassenraum vorhanden sein, besteht die Möglichkeit, die Häuser auf einem Plakat oder einer Tapetenrolle aufzukleben und aufzuhängen. Bei wenig Platz kann das Ergebnis fotografisch festgehalten und das Foto später ausgestellt werden.

☆ Als Differenzierung können Kinder, die ihre Arbeit beendet haben, das Bodenbild erweitern, indem sie Gebäude aus ihrem Stadtteil anfertigen und hinzufügen (z. B. Schule, Kirche, Krankenhaus, Supermarkt, Bäcker etc.).

Zum Ende der Unterrichtssequenz treffen sich alle Kinder im Steh- oder Sitzkreis und betrachten das gemeinsame Ergebnis. Die Kinder haben hier die Möglichkeit zu erklären oder Fragen zu stellen. Die Arbeitsergebnisse aller Kinder werden gewürdigt.

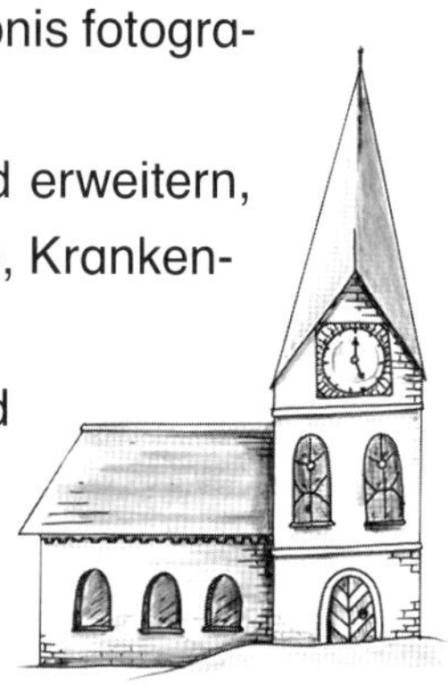

Ein Haus ist mehr als ein Haus

Kirche – Haus Gottes

Benötigte Materialien:
- bunte Tücher, Kerze
- Gefühlswürfel, Klangkugeln
- Bilder verschiedener Kirchen (s. S. 12), evtl. hochkopieren
- Notizzettel und dicke Filzstifte
- evtl. Plakat in Kirchenform
- Fragebogen „Meine Kirche“ (s. S. 13)

Einstieg im Stuhlkreis:

– Gestaltete Mitte:
  - bunte Tücher als Untergrund, Kerze in der Mitte
  - Kopiervorlage „Verschiedene Kirchen“

– Rituale:
  - Kerze anzünden
  - Lied: Du bist da, …
  - Gefühlsrunde (s. S. 5)
  - Stilleübung (s. S. 5)

Erarbeitung:

Die Kinder äußern sich spontan zu den Kirchenbildern oder werden ggf. durch Impulsfragen angeleitet.
- Beschreibe die verschiedenen Kirchen.
- Vergleiche die Bilder: Was haben sie gemeinsam? Was ist unterschiedlich?
- Woran erkenne ich eine Kirche? / Was sind typische Merkmale einer Kirche? (Kreuz, Dach, Fenster, Baustil, Hahn, Kirchturm, Glocke etc.)
- Wie sieht deine Kirche aus?
- Wann warst du schon einmal in der Kirche? (Gottesdienst, Schulgottesdienst, Taufe, Kommunion, Konfirmation, Firmung, Hochzeit, evtl. Todesfall etc.)
- Welche Aktivitäten / Aktionen finden in der Kirche statt? (Pfarrfest, Gemeindefest, Kinderbibelwoche, Kinderkarneval, Trödelmarkt, Kirchenfahrten, Kindergruppen, Freizeitaktivitäten etc.)

Die mündlichen Ergebnisse der Kinder werden auf Notizzetteln festgehalten und in die gestaltete Mitte gelegt. Alternativ können die Zettel auf ein Plakat in Kirchenform geklebt und später aufgehängt werden.

Arbeitsauftrag:

Fülle den Fragebogen „Meine Kirche“ aus.

Arbeitsphase:

Die Kinder bearbeiten den Fragebogen. Erfahrungsgemäß wissen die meisten Kinder nicht alle Antworten zu ihrer Kirche, daher bietet es sich an, den Rest des Arbeitsblattes als Hausaufgabe aufzugeben.

Abschluss:

Die Kinder präsentieren ihre Arbeitsergebnisse, auch Zwischenergebnisse sind möglich. Als Ausblick wird darauf verwiesen, dass die weitere Besprechung der Fragebögen in der nächsten Stunde erfolgt.

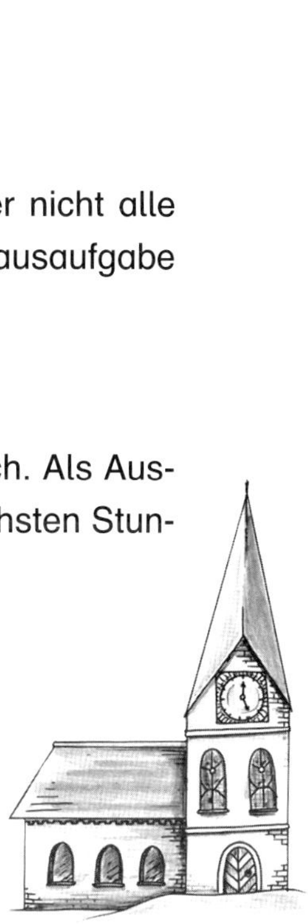

Verschiedene Kirchen

Fragebogen „Meine Kirche“

1. Zeichne deine Kirche.

2. Was kannst du in deiner Kirche machen? / Aktionen in deiner Kirche:

3. Welche Berufe gibt es rund um die Kirche?

4. Wie sieht eine Kirche von innen aus? Welche Gegenstände gibt es?

BVK PA213 • Sonja Schneider / Katja Zigan: Kirche, Gottesdienst und Ökumene

In der Kirche gibt es viel zu entdecken

Einstieg im Stuhlkreis:

– Gestaltete Mitte:
  - bunte Tücher als Untergrund, Kerze in der Mitte
  - Auf einer Seite werden alle Wortkarten, auf der anderen Seite alle Bildkarten verdeckt hingelegt. **Achtung:** Bitte nur die Wort- und Bildkarten der jeweiligen Konfession benutzen.

– Rituale:
  - Kerze anzünden
  - Lied: Du bist da, …
  - Gefühlsrunde (s. S. 5)
  - Stilleübung (s. S. 5)

– Präsentation der ausgefüllten Fragebögen „Meine Kirche" mit kurzem Unterrichtsgespräch

Benötigte Materialien:
- bunte Tücher, Kerze
- Gefühlswürfel, Klangkugeln
- ausgefüllte Fragebögen „Meine Kirche" aus der vorherigen Unterrichtsstunde
- Karten mit Begriffen und Bildern von Gegenständen in der Kirche (s. S. 15 / 16)

Erarbeitung:

Anknüpfend an Frage 4 des Fragebogens (Gegenstände einer Kirche) wiederholen die Kinder, welche Gegenstände es in einer Kirche gibt.
Die Wort- und Bildkarten werden aufgedeckt und von den Kindern passend zugeordnet.

Arbeitsauftrag:

Male die Bilder an. Schneide dann die Wort- und Bildkarten aus.
Suche dir 1 oder 2 Mitschüler und spielt gemeinsam das Kirchen-Memory®.

Arbeitsphase:

Die Kinder erhalten die Kopiervorlage „Wort- und Bildkarten" und fertigen daraus ihr eigenes Kirchen-Memory® an. Dieses können sie beliebig oft spielen, auch in den folgenden Unterrichtsstunden, soweit die Zeit dies zulässt.
Dieses Spiel dient zur Festigung der Begrifflichkeiten und als gute Vorbereitung zum Unterrichtsgang in der nächsten Stunde.

Abschluss:

Bingo
Die Kinder wählen aus ihren Bildkarten 9 Karten aus und legen diese als Bingoquadrat (3 x 3) vor sich auf den Tisch.
Die Lehrkraft nennt einen Kirchengegenstand. Jedes Kind, das diesen Gegenstand auf seinem Bingofeld hat, darf das Bild umdrehen. Gewonnen hat, wer waagerecht, senkrecht oder diagonal als Erster eine Reihe verdeckter Bildkarten hat.

BVK PA213 • Sonja Schneider / Katja Zigan: Kirche, Gottesdienst und Ökumene

Wort- und Bildkarten „evangelisch / gemeinsam“

Orgel	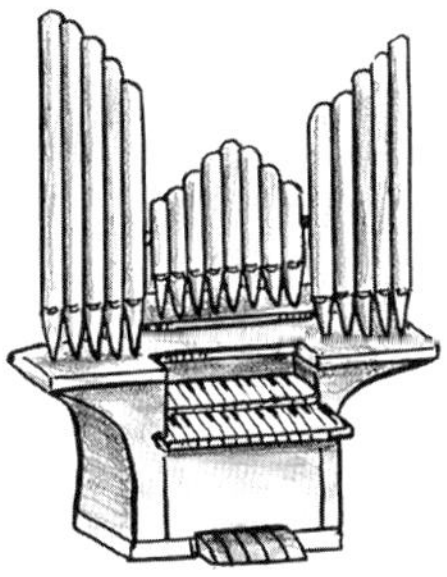	Glocke	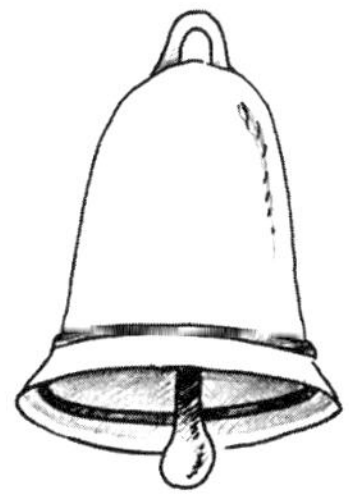
Gesangsbücher		Kirchenbänke	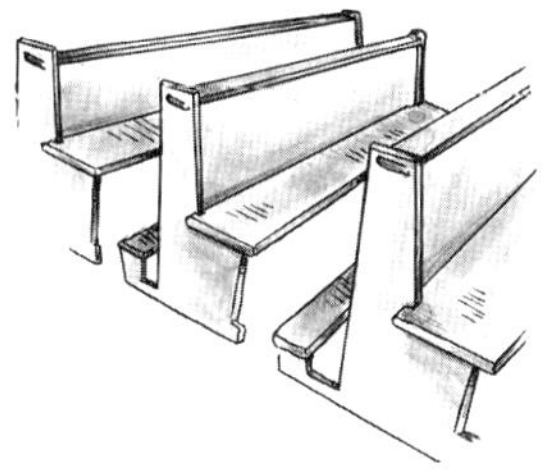
Kreuz		Kerzen	
Taufbecken		Bibel	
Altar		Kirchenfenster	
Jesus		Kanzel / Lesepult	

BVK PA213 • Sonja Schneider / Katja Zigan: Kirche, Gottesdienst und Ökumene

Wort- und Bildkarten „katholisch“

Beichtstuhl		Tabernakel	
Ewiges Licht		Weihwasser-becken	
Marienfigur		Kreuzweg	
Kniebänke			

BVK PA213 • Sonja Schneider / Katja Zigan: Kirche, Gottesdienst und Ökumene

Vorbereitung zum Unterrichtsgang zur Kirchengemeinde der Schule

Einstieg im Stuhlkreis:

– Gestaltete Mitte:
- bunte Tücher als Untergrund, Kerze in der Mitte
- verdeckte Wortkarten

– Rituale:
- Kerze anzünden
- Lied: Wo zwei oder drei
- Gefühlsrunde (s. S. 5)
- Stilleübung (s. S. 5)

Benötigte Materialien:
- bunte Tücher, Kerze
- Gefühlswürfel, Klangkugeln
- Wortkarten der Gegenstände in der Kirche
- Kopiervorlage „Placemat“ (s. S. 18), vergrößert auf DIN A3

Erarbeitung:

Zur Wiederholung und Festigung der Kirchenbegriffe dient das Spiel „Mein geheimes Wort“: Ein Kind nimmt sich eine verdeckte Wortkarte aus der Mitte, ohne dass die anderen Kinder das Wort lesen können. Dann beschreibt / erklärt das Kind diesen Begriff. Die anderen Kinder müssen erraten, um welchen Kirchengegenstand es sich handelt. Wer richtig rät, darf als Nächstes eine Wortkarte ziehen.

Im Anschluss findet ein Unterrichtsgespräch zur Vorbereitung des Unterrichtsganges statt. Gemeinsam mit den Kindern ist zu klären:
- Wie verhalte ich mich bei einem Unterrichtsgang / in der Kirche?
- Welche Fragen habe ich an den Pfarrer / den Küster?

Arbeitsauftrag:

Bildet Vierergruppen. Sucht euch einen Arbeitsplatz und legt ein Arbeitsblatt „Placemat“ in die Mitte. Schreibt eure Fragen zur Kirche in euer Feld. Am Ende sammelt ihr fünf gemeinsame Fragen.

Arbeitsphase:

Erklärung zur Durchführung einer Placemat:

Eine Gruppe von vier Kindern findet sich zusammen. Jede Gruppe erhält eine Kopiervorlage „Placemat“, vergrößert auf DIN A3. Die Kinder legen das Blatt in die Tischmitte und setzen sich so, dass jedes Kind an einer Blattseite sitzt. In Einzelarbeit schreiben die Kinder in ihr Feld auf, welche Fragen sie an den Pfarrer / den Küster zu ihrem Kirchenbesuch haben.

Durch ein akustisches Signal wird die Einzelarbeit beendet und die Kinder gehen in die Gruppenarbeit über. In der Gruppenarbeit lesen die Kinder nacheinander ihre Fragen vor, dabei bestimmt die Lehrkraft ggf., welches Kind anfängt. Die Kinder einigen sich auf fünf gemeinsame Fragen und schreiben diese in das mittlere Feld. Schließlich stellen die Kinder ihre Ergebnisse kurz mündlich vor. Das mittlere Feld wird ausgeschnitten und zum Unterrichtsgang mitgenommen.

Erfahrungsgemäß ist es sinnvoll, die ausgeschnittenen Felder im Klassenraum zu sammeln, damit diese bis zum Unterrichtsgang nicht verlorengehen.

Zusätzlich tippt die Lehrkraft die gemeinsamen Fragen ab und lässt nach jeder Frage Platz für den Antwortsatz. Dieses Arbeitsblatt mit den Fragen wird für die Unterrichtsstunde „Nachbereitung des Unterrichtsganges zur Kirchengemeinde der Schule“ (s. S. 20) benötigt.

Abschluss:

Die Kinder präsentieren ihre gemeinsam erarbeiteten Fragen zum Unterrichtsgang.

BVK PA213 • Sonja Schneider / Katja Zigan: Kirche, Gottesdienst und Ökumene

Placemat

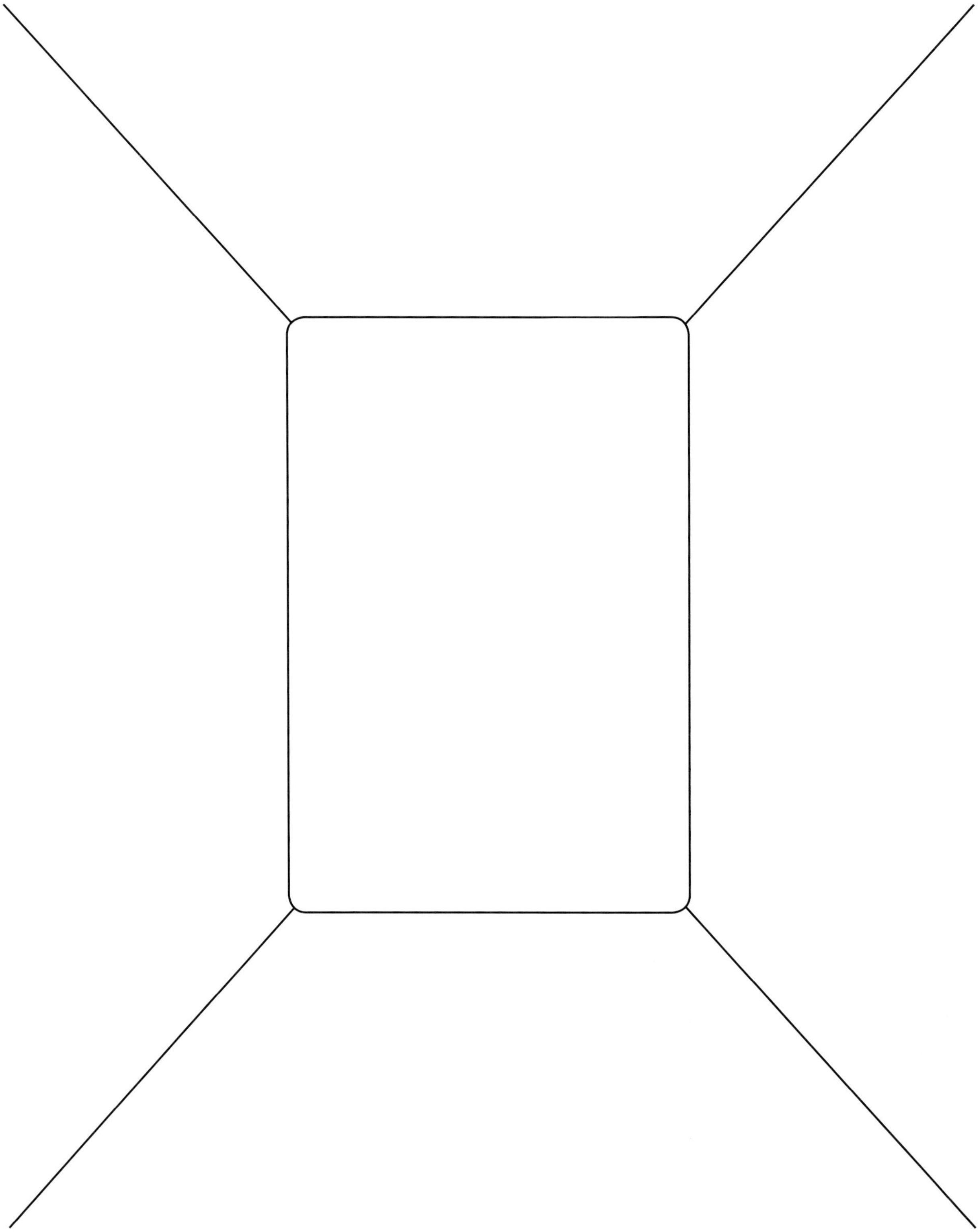

Unterrichtsgang zur Kirchengemeinde der Schule

Im Vorfeld sollte die Kirche kontaktiert werden, damit eine Innenbesichtigung der Kirche erfolgen kann. In den meisten Fällen erklären sich der Pfarrer oder der Küster gerne bereit, eine Führung durch die Kirche zu machen. Dabei können die Kinder ihre gesammelten Fragen stellen.
Zusätzlich kann der Elternbrief (s. unten) im Vorfeld als Information für die Eltern verteilt werden.

Benötigte Materialien:
- Fragen der Kinder an den Pfarrer / den Küster
- Elternbrief

✂ ....

Elternbrief

____________________ , ____________________

Liebe Eltern,

am ______________________________ machen wir mit der Religionsgruppe einen Unterrichtsgang zur Kirchengemeinde unserer Schule. Der Besuch der Kirche erfolgt während der Unterrichtszeit.
Bitte geben Sie Ihrem Kind den unterschriebenen Zettel wieder mit.

Mit freundlichen Grüßen

Zur Kenntnis genommen:

Datum: ________________ Unterschrift: ______________________

Nachbereitung des Unterrichtsganges zur Kirchengemeinde der Schule

Benötigte Materialien:
- bunte Tücher, Kerze
- Gefühlswürfel, Klangkugeln
- Fragebogen vom Unterrichtsgang
- Frage- / Antwortbogen aller Fragen (von der Lehrkraft erstellt, s. S. 17)

Einstieg im Stuhlkreis:

– Gestaltete Mitte:
  - bunte Tücher als Untergrund, Kerze in der Mitte
  - Fragebogen vom Unterrichtsgang

– Rituale:
  - Kerze anzünden
  - Lied: Wo zwei oder drei
  - Gefühlsrunde (s. S. 5)
  - Stilleübung (s. S. 5)

Erarbeitung:

Ein Kind liest eine beliebige Frage vom Fragebogen vor, die anderen Kinder beantworten diese. Wer die richtige Antwort findet, ist als Nächstes an der Reihe.

Arbeitsauftrag:

Suche dir einen Partner. Beantwortet die Fragen gemeinsam.

Arbeitsphase:

Die Kinder erhalten einen Frage- / Antwortbogen (von der Lehrkraft erstellt) und beantworten die Fragen allein oder in Partnerarbeit.

☆: Kinder, die ihre Aufgabe beendet haben, können mit ihren Wort- und Bildkarten der Kirchengegenstände Memory®, Mein geheimes Wort oder Bingo spielen.

Abschluss:

Die Kinder vergleichen ihre Antworten mit Hilfe einer Abwandlung des Drei-Schritt-Interviews (kooperative Lernform):

Nachdem die Kinder in Partnerarbeit die Fragen beantwortet haben, suchen sie sich eine andere Zweiergruppe. Eine Gruppe übernimmt die Rolle des Interviewers. Diese Gruppe befragt die andere Zweiergruppe gezielt nach deren Ergebnissen aus der Partnerarbeit und macht sich ggf. Notizen. (Schritt 1)

Jetzt wechseln die Rollen. Die befragte Gruppe wird Interviewer und die andere Gruppe antwortet. (Schritt 2)

Alle Gruppen treffen sich im Plenum oder im Stuhlkreis und stellen nacheinander vor, welche Antworten sie gefunden haben. (Schritt 3)

BVK PA213 • Sonja Schneider / Katja Zigan: Kirche, Gottesdienst und Ökumene

Gottesdienst / Messe

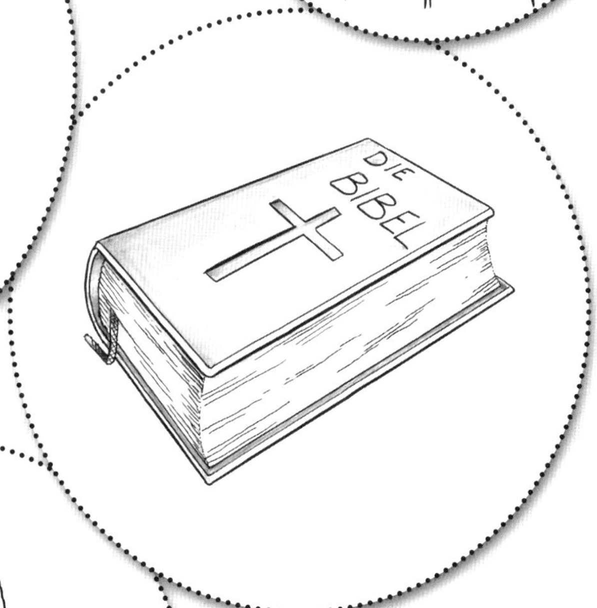

Name: ______________________________ Klasse: ______________

BVK PA213 • Sonja Schneider / Katja Zigan: Kirche, Gottesdienst und Ökumene

Gottesdienst / Messe

Theologisch-didaktischer Kommentar:

Der Gottesdienst als Versammlung der Gläubigen ist die wichtigste Zusammenkunft in der Kirchengemeinde. Die christliche Gemeinde feiert Gottesdienst, um mit Gleichgesinnten zusammenzukommen, im Alltag Kraft durch Gott zu finden und ihren Glauben zu bekennen.

Der Aufbau des Gottesdienstes (evangelischer Begriff) bzw. der Messe (katholischer Begriff) sollte auch jüngeren Kindern in ersten Ansätzen nahegebracht werden. Dies kann am besten durch die gemeinsame Planung und Durchführung eines Gottesdienstes erfolgen. Dabei sollte weniger der Anspruch auf Vollständigkeit der gottesdienstlichen Bestandteile, sondern vielmehr die kindgerechte Gestaltung im Vordergrund stehen.

Für die Gestaltung des Gottesdienstes steht im Rahmen dieser Unterrichtsreihe ein allgemeingültiger Ablaufbogen zur Verfügung, es wurde bewusst kein Thema vorgegeben und ausgearbeitet. Der Ablaufbogen kann zu jedem Thema und Zeitpunkt eingesetzt werden.

Das Thema des zu planenden Gottesdienstes kann von der Lehrkraft bestimmt oder mit den Kindern zusammen erarbeitet werden. Folgende Themen bieten sich an:

- Einschulungsgottesdienst (z. B. „Gott beschützt mich wie ein Schirm“, „Ich bin nicht allein“, „Freunde“)
- Abschlussgottesdienst für die Kinder des 4. Schuljahres (z. B. „Wege gehen“, „Brücken bauen“, „Stolpersteine“)
- kirchliche Feste (z. B. „Ostern“, „Weihnachten“, „St. Martin“, „Nikolaus“, „Erntedank“)
- Gottesdienst zu einer Jesusgeschichte (z. B. „Zachäus“, „Der Gelähmte“, „Der Blinde“, „Der barmherzige Samariter“)

Ziele der Unterrichtsreihe:

Die Kinder haben die Möglichkeit, …

- eigene Vorerfahrungen mit verschiedenen Gottesdiensten zusammenzutragen.
- Lieder und Gebete zu benennen.
- die Bestandteile eines Gottesdienstes kennenzulernen.
- Gottesdienstelemente zu erarbeiten.
- einen Gottesdienst zu planen und durchzuführen.
- das Kreuzzeichen als katholische Handlung nachzuvollziehen.

Verlauf der Reihe:

- Wir feiern Gottesdienst / Messe
- Wir gestalten eine eigene Gottesdienstschachtel
- Das Kreuzzeichen (katholisch)
- Wir gestalten einen Gottesdienst
- Wir feiern unseren Gottesdienst

BVK PA213 • Sonja Schneider / Katja Zigan: Kirche, Gottesdienst und Ökumene

Wir feiern Gottesdienst / Messe (1)

Einstieg im Stuhlkreis:

– Gestaltete Mitte:
  - bunte Tücher als Untergrund, Kerze in der Mitte

– Rituale:
  - Kerze anzünden
  - Lied: Lasst uns miteinander
  - Gefühlsrunde (s. S. 5)
  - Stilleübung (s. S. 5)

Benötigte Materialien:

- bunte Tücher, Kerze
- Gefühlswürfel, Klangkugeln
- Wortkarte „Gottesdienst“ bzw. „Messe“ (s. Kopiervorlage)
- Wortkarten mit Oberbegriffen für die Mindmap oder reine Bildkarten (s. Kopiervorlage)
  – Beten / Gebete
  – Lieder / Singen
  – Geschichten / Bibeltexte
  – Feste im Kirchenjahr
- kurze Wollfäden in 4 verschiedenen Farben
- kleine Zettel
- evtl. Bibeln, Gebetbücher, Gesangsbücher

Erarbeitung:

Die Lehrkraft legt die Wortkarte „Gottesdienst“ bzw. „Messe“ als stummen Impuls in die gestaltete Mitte. Dadurch wird das Vorwissen der Kinder aktiviert, es entwickelt sich ein Austausch über eigene Erfahrungen mit dem Gottesdienst bzw. der Messe. Wenn einer der Oberbegriffe (s. Wortkarten) von den Kindern genannt wird, wird die jeweilige Wortkarte in die Mitte gelegt. Zur Visualisierung der Vernetzung werden die Oberbegriffe durch Wollfäden mit der Wortkarte „Gottesdienst“ bzw. „Messe“ verbunden, es entsteht eine Mindmap. Es ist darauf zu achten, dass jeder Oberbegriff durch eine andere Farbe verbunden wird, damit sich die einzelnen Bereiche voneinander abheben.

☆: Als Differenzierung können zusätzlich zu der Wortkarte „Gottesdienst“ / „Messe“ direkt die Bildkarten dazugelegt werden. Die Oberbegriffe fallen dadurch weg, die Aufgabenstellung wird somit offener und die Kreativität der Kinder wird angeregt.

Arbeitsauftrag:

Schreibe auf, was dir zu den Oberbegriffen / zu den Bildkarten einfällt. Schreibe jeweils nur ein Wort auf einen Zettel.

Arbeitsphase:

Die Kinder schreiben zu den jeweiligen Oberbegriffen bzw. Bildkarten auf, was ihnen dazu einfällt. Wichtig für die Abschlussphase ist es, dass sie nur einen Begriff auf einen Zettel schreiben. Als Hilfestellung können den Kindern Gesangsbücher, Bibeln oder Gebetbücher angeboten werden.

Abschluss:

Die Kinder kommen mit ihren Zetteln im Stuhlkreis zusammen. Sie stellen nacheinander ihre Arbeitsergebnisse vor und legen den jeweiligen Zettel zu dem passenden Oberbegriff. Dieser wird zusätzlich mit einem farblich passenden Wollfaden verbunden. Gleiche Begriffe werden übereinander gelegt. Es entsteht nach und nach eine Mindmap. Diese kann im Anschluss auf ein Plakat geklebt werden oder die Kinder erstellen ein „Kopffoto“ (sie prägen sich das Bodenbild genau ein und speichern es im Kopf ab) für die folgende Unterrichtsstunde. Es dient dann als Wiederholung und Festigung.

BVK PA213 • Sonja Schneider / Katja Zigan: Kirche, Gottesdienst und Ökumene

Gottesdienst / Messe

Gottesdienst

BVK PA213 • Sonja Schneider / Katja Zigan: Kirche, Gottesdienst und Ökumene

Gottesdienst / Messe

Messe

Wort- und Bildkarten „Oberbegriffe“

Beten / Gebete

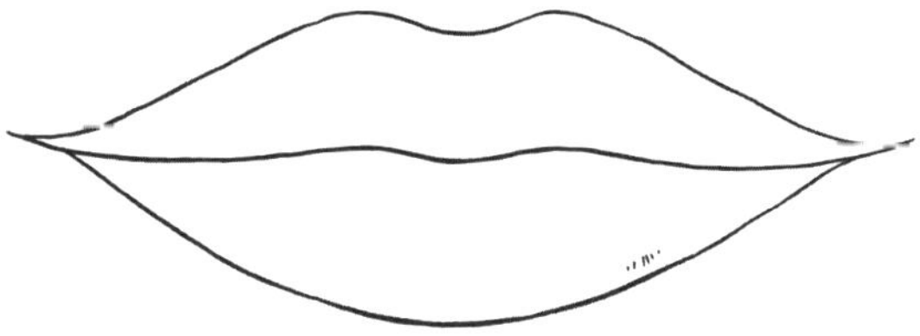

Lieder / Singen

Geschichten / Bibeltexte

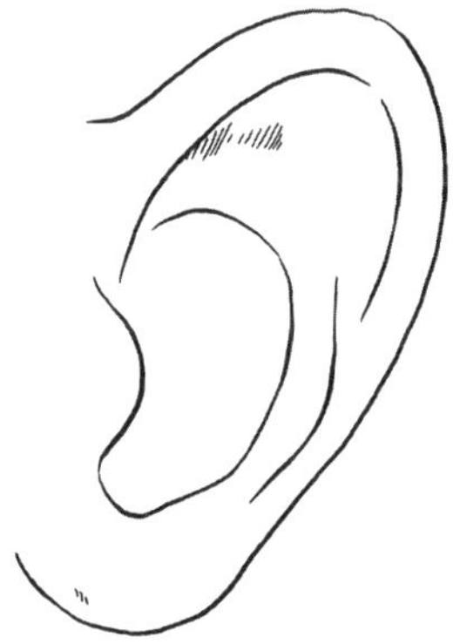

Feste im Kirchenjahr

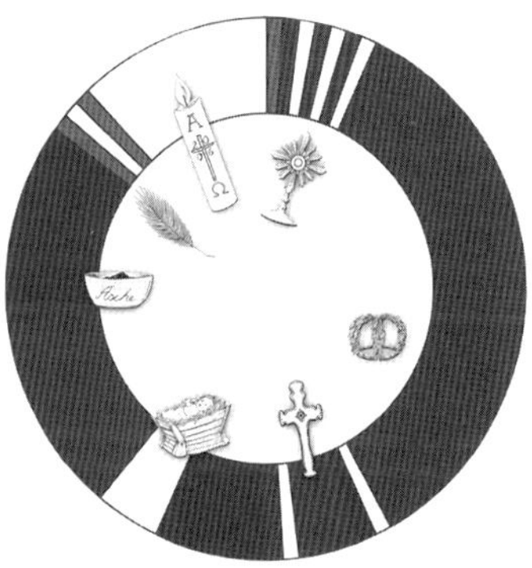

BVK PA213 • Sonja Schneider / Katja Zigan: Kirche, Gottesdienst und Ökumene

Gestalten einer Gottesdienstschachtel

Einstieg im Stuhlkreis:
- Gestaltete Mitte:
  - bunte Tücher als Untergrund, Kerze in der Mitte
- Rituale:
  - Kerze anzünden
  - Lied: Lasst uns miteinander
  - Gefühlsrunde (s. S. 5)
  - Stilleübung (s. S. 5)

Benötigte Materialien:
- bunte Tücher / Kerze
- Gefühlswürfel / Klangkugeln
- Karten der Mindmap
- kleine Bildkarten (s. Kopiervorlage) für die Streichholzschachteln
- selbstgebastelte Streichholzschachtel (als Muster) mit Bildkarten gefüllt
- jeweils eine leere Streichholzschachtel pro Kind
- farbiges Papier, Effektstifte (Glitzer-, Metallicstifte etc.)
- evtl. Kopiervorlage „Alphabet“
- leise Musik

Erarbeitung:
Mit Hilfe des „Kopffotos“ legen die Kinder die Mindmap aus der vorherigen Unterrichtsstunde nach. Alternativ kann auf diese Wiederholungsübung verzichtet werden und die Lehrkraft geht direkt folgendermaßen vor:
Die zuvor als Muster gebastelte Streichholzschachtel liegt in der gestalteten Mitte. Ein Kind darf diese öffnen und entnimmt eine Bildkarte. Die Kinder erinnern sich durch diesen visuellen Impuls an die Mindmap der vorherigen Unterrichtsstunde, erklären die Bedeutung und ergänzen passende Begriffe.
Für die zusätzlichen Bildkarten „Herz“ (das liegt mir am Herzen / das möchte ich bei mir tragen) und „Kreuz“ (Jesus Christus) finden die Kinder passende Begriffe und Erklärungen.

Arbeitsauftrag:
Gestalte deine eigene Gottesdienstschachtel. Verziere die Schachtel z. B. mit dem Anfangsbuchstaben deines Namens oder mit passenden Bildern. Schneide die Bildkärtchen, die dir wichtig sind, aus und male sie an. Lege sie in deine Schachtel.

Arbeitsphase:
Die Kinder gestalten ihre eigene Gottesdienstschachtel mit den vorhandenen Materialien.

Abschluss:
In einem Museumsgang stellen die Kinder ihre eigene Gottesdienstschachtel aus. Dazu legen die Kinder ihre Schachtel auf ihren Tisch und alle Kinder gehen bei leiser Musik still durch den Klassenraum und betrachten die Arbeitsergebnisse der anderen Kinder.
Zum Abschluss gibt die Lehrkraft den Kindern die Bedeutung der Schachtel mit auf den Weg: „Jetzt hast du das, was dir im Gottesdienst wichtig ist, als Erinnerung in deiner Schachtel. Du kannst sie immer bei dir tragen, wenn du magst“.

Kleine Bildkarten / Alphabet

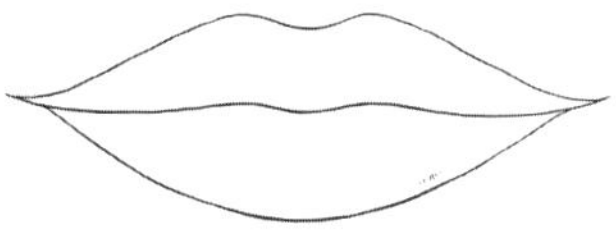			
		A	B
C	D	E	F
G	H	I	J
K	L	M	N
O	P	Q	R
S	T	U	V
W	X	Y	Z

Das Kreuzzeichen (katholisch)

Benötigte Materialien:
- bunte Tücher, Kerze
- Gefühlswürfel, Klangkugeln
- Kreuz aus Pappe oder Holzstöcken
- Arbeitsblatt „Das Kreuzzeichen" (s. S. 29)

Einstieg im Stuhlkreis:

- Gestaltete Mitte:
  - bunte Tücher als Untergrund, Kerze in der Mitte
- Rituale:
  - Kerze anzünden
  - Lied: Lasst uns miteinander
  - Gefühlsrunde (s. S. 5)
  - Stilleübung (s. S. 5)

Erarbeitung:

Die Kinder berichten spontan, wo sie in ihrer Umwelt (kirchlicher und außerkirchlicher Raum) Kreuze finden. Sie denken über die Bedeutung des Kreuzes nach und äußern sich dazu (Tod, Jesus Christus hängt am Kreuz, Kreuzzeichen …).

Als Bekenntnis zu Jesus Christus und zum dreifaltigen Gott hat das Kreuzzeichen einen besonderen Stellenwert. Das erste ist für die Kinder leichter verständlich und kann da seinen Schwerpunkt finden.

Das Kreuzzeichen muss immer wieder mit den Kindern eingeübt werden. Dabei wird die Bedeutung von der Lehrkraft erklärt.

Mögliche Erklärung, um den Kindern das Kreuzzeichen nahezubringen:

Die Hand an die Stirn: Wir denken an Gott.

Die Hand zum „Herzen": Wir selber sind gemeint, wir sind mit dem Herzen dabei. Wir sehen mit dem Herzen.

Die Hand zur linken und rechten Schulter: Wir denken an alle anderen Menschen.

Das Kreuzzeichen wird mehrere Male mit Gesten gesprochen.

Arbeitsauftrag:

Schreibe den Text des Kreuzzeichens („Im Namen des Vaters und des Sohnes und des Heiligen Geistes. Amen.") auf die Linien des Arbeitsblattes „Das Kreuzzeichen".

Gestalte das Arbeitsblatt in schönen Farben.

Arbeitsphase:

Die Kinder schreiben den Text des Kreuzzeichens auf die Linien des Arbeitsblattes. Im oberen Teil ist die schützende Hand Gottes, im unteren Teil das Herzauge. Links und rechts befinden sich Menschen verschiedener Völker, verschiedener Hautfarbe und kranke Menschen. Das Blatt wird von den Kindern verziert.

Abschluss:

Die Kinder versammeln sich im Stehkreis und es wird gemeinsam das Kreuzzeichen gesprochen.

Das Kreuzzeichen

BVK PA213 • Sonja Schneider / Katja Zigan: Kirche, Gottesdienst und Ökumene

Wir gestalten einen Gottesdienst

Einstieg im Stuhlkreis:
– Gestaltete Mitte:
  - bunte Tücher als Untergrund, Kerze in der Mitte
– Rituale:
  - Kerze anzünden
  - Lied: Lasst uns miteinander
  - Gefühlsrunde (s. S. 5)
  - Stilleübung (s. S. 5)

Erarbeitung:
Die Lehrkraft legt die Bildkarten in die gestaltete Mitte. Die Kinder äußern sich dazu und bringen ihre Vorerfahrungen ein. Anschließend erarbeiten die Kinder mit Hilfe der Karten die Reihenfolge, in der der Gottesdienst abläuft.
Als Nächstes präsentiert die Lehrkraft das Thema des zu planenden Gottesdienstes. Die Kinder sammeln Ideen zu dem Thema. Anschließend erklärt die Lehrkraft, dass die Kinder nun gemeinsam einen Gottesdienst dazu planen werden und diesen selbstverständlich auch feiern.
Wenn der Gottesdienst in der Kirchengemeinde der Schule gefeiert werden soll, sollte dies zuvor mit dem Pfarrer abgesprochen werden. Dieser wählt eine passende Geschichte oder einen Bibeltext und die Bedeutung für die Lebenswirklichkeit der Kinder aus. Des Weiteren leitet er den Gottesdienst.

Benötigte Materialien:
- bunte Tücher / Kerze
- Gefühlswürfel / Klangkugeln
- Bildkarten (s. S. 32)
- Ablaufplan Gottesdienst (s. S. 33)
- Kopiervorlage „Thema des Gottesdienstes“ (Das Thema bitte handschriftlich eintragen oder mit den Kindern gemeinsam erarbeiten.)
- Gruppenkarten (Lieder, Gebet / Fürbitten, Erinnerungsgeschenk)
- Liederbücher / Liedzettel (passend zum jeweiligen Thema)
- Gebetbücher
- weiße Blätter
- evtl. Bastelmaterial für ein Erinnerungsgeschenk

Arbeitsauftrag:
Suche dir eine Gruppe aus (Gruppe Lieder, Gebete / Fürbitten, evtl. Erinnerungsgeschenk).
Gruppe Lieder: Sucht passende Lieder zum Gottesdienst aus und gestaltet ein Liedblatt.
Gruppe Gebete / Fürbitten: Schreibt ein Gebet und Fürbitten für den Gottesdienst.
Gruppe Erinnerungsgeschenk: Bastelt ein Erinnerungsgeschenk für die Teilnehmer des Gottesdienstes (z. B. ein Teelicht auf einem Pappstern, einen Fußumriss mit Wunsch / Spruch / Gedicht).

Arbeitsphase:
Die Lehrkraft verteilt die Gruppenkarten im Klassenraum. Die Kinder wählen eine Gruppe aus, in der sie arbeiten möchten. Die Lehrkraft steht beratend zur Seite. Falls es ein Erinnerungsgeschenk geben soll, müssen Bastelmaterialien bereitgestellt werden.

Abschluss:
Die Gruppen stellen ihre Ergebnisse im Abschlusskreis vor. Gemeinsam wird der „Ablaufplan Gottesdienst“ ausgefüllt. Die ausgewählten Lieder werden gemeinsam gesungen.

Thema des Gottesdienstes

Gruppenkarten

Gottesdienst / Messe

BVK PA213 • Sonja Schneider / Katja Zigan: Kirche, Gottesdienst und Ökumene

 Lieder	 Gebet / Fürbitten	 Erinnerungsgeschenk

Bildkarten

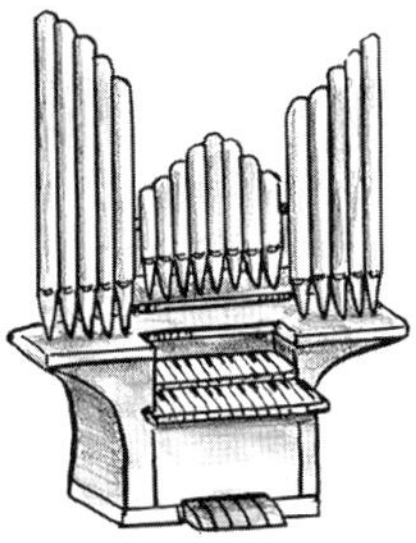

Einzug

Begrüßung

Eingangslied

Gebet

Geschichte / Bibeltext

Lied

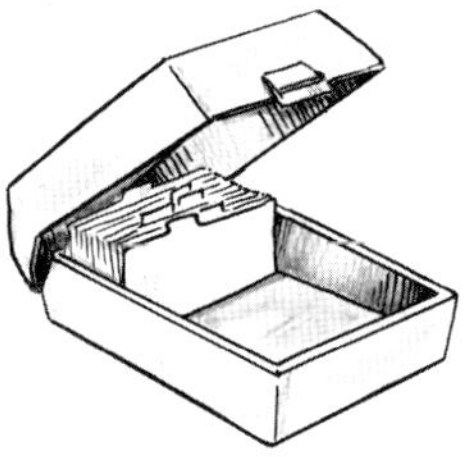

Bedeutung der Geschichte

Lied

Herr, wir bitten dich …

Fürbitten

Vater unser im Himmel …

Vaterunser

Lied

Segen

Erinnerungsgeschenk

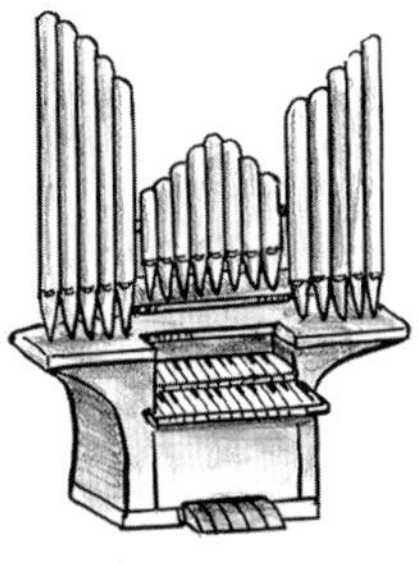

Auszug

Ablaufplan Gottesdienst

1. Einzug (Orgelvorspiel)

2. Begrüßung durch den Pfarrer

3. Eingangslied: ______________________________

____

____

4. Gebet: ______________________________

____

____

____

Name des Kindes: ______________________________

5. Geschichte / Bibeltext durch den Pfarrer: ______________________________

6. Lied: ______________________________

7. Bedeutung der Geschichte für unser Leben durch den Pfarrer

8. Lied: ______________________________

9. Fürbitten

Namen der Kinder: ______________________________

10. Vaterunser

11. Lied: ______________________________

12. Segen und Verabschiedung durch den Pfarrer

13. Erinnerungsgeschenk

14. Auszug aus der Kirche

BVK PA213 • Sonja Schneider / Katja Zigan: Kirche, Gottesdienst und Ökumene

Wir feiern unseren Gottesdienst

Der Gottesdienst wird gemeinsam in der Kirche bzw. in der Schule gefeiert.

Benötigte Materialien:
- Ablaufplan Gottesdienst
- Liedblatt
- Texte Gebet und Fürbitten
- evtl. Erinnerungsgeschenk

Weiterführende Ideen:
- Im Zusammenhang mit dem Thema „Gottesdienst“ / „Messe“ kann das Gebet „Vaterunser“ näher thematisiert werden. Dazu bieten sich Bewegungen an, damit die Kinder sich den Text besser einprägen können. Außerdem kann das Gebet in Abschnitte unterteilt werden, die genauer besprochen, erarbeitet und gestaltet werden. Die Kinder können dazu ein eigenes Leporello oder „Vaterunser“-Buch (s. Vorlage unten) basteln. Dazu falten die Kinder aus einem weißen DIN-A4-Blatt nach Anleitung ein kleines Büchlein. Darin können sie das Vaterunser in Abschnitte unterteilt eintragen und passend dazu malen.
- Darüber hinaus kann ein individuelles Liederbuch mit den Liedern aus dem Religionsunterricht und dem Gottesdienst erstellt werden. Außerdem ist es möglich, ein Gebetbuch mit den Kindern zu erstellen, in dem verschiedene bekannte oder selbst geschriebene Gebete gesammelt werden. Dazu dient die Buchvorlage „Mein Gebetbuch“ (s. S. 62).
- Des Weiteren kann der Aufbau des Wortgottesdienstes besprochen werden.

Arbeitsanleitung:
Falte ein DIN-A4-Blatt genau nach den Arbeitsanweisungen / Zeichnungen.

1. Falte dein Blatt immer zur Hälfte, sodass acht gleich große Felder entstehen.
2. Lege das Papier quer vor dich, falte es zur Hälfte und schneide es, wie auf der Zeichnung, ein Feld breit ein.
3. Klappe das Papier wieder auseinander und falte es der Länge nach.
4. Ziehe die beiden mittleren Streifen vorsichtig auseinander, sodass ein „Stern“ entsteht.
5. Falte die Knicke in der richtigen Richtung nach! Nun hast du ein Buch mit drei Doppelseiten.

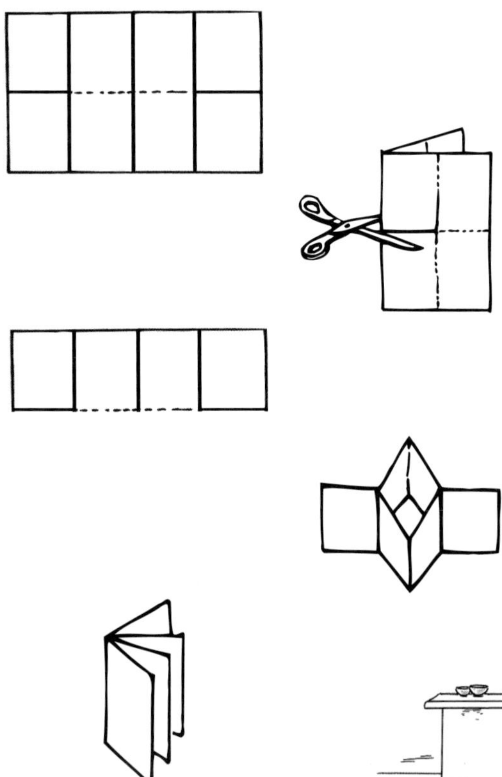

BVK PA213 • Sonja Schneider / Katja Zigan: Kirche, Gottesdienst und Ökumene

Katholisch – evangelisch – Ökumene

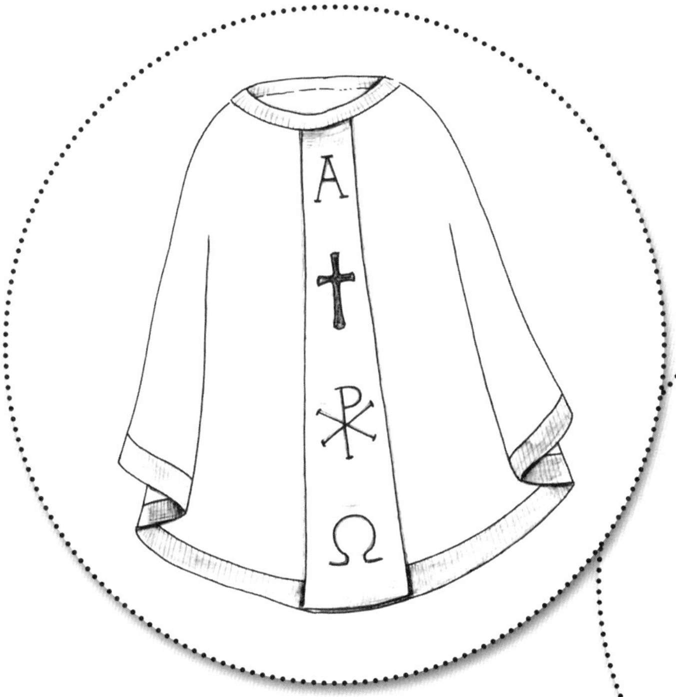

Name: ______________________________ Klasse: ______________

BVK PA213 • Sonja Schneider / Katja Zigan: Kirche, Gottesdienst und Ökumene

Katholisch – evangelisch – Ökumene

Theologisch-didaktischer Kommentar:

Der Begriff „Ökumene“ kommt aus dem Griechischen und meint die „ganze bewohnte Erde, alle Menschen auf der Erde“.

Heute versteht man unter Ökumene die Bemühungen der Christen, die unterschiedlichen Konfessionen zum einheitlichen Handeln zu führen.

Kinder kommen mit der Trennung der verschiedenen Konfessionen durch den getrennten Religionsunterricht, unterschiedliche Konfessionen der Eltern, evangelische und katholische Feiertage sowie unterschiedliche Einrichtungen der Kirchen in Berührung. In der Grundschulzeit ist es nur sehr eingeschränkt möglich, die Komplexität dieses Themas zu behandeln, daher sind Antworten vorerst nur Hinweise, die zu einem späteren Zeitpunkt ergänzt werden sollten, um die Kinder nicht mit schwierigen Lerninhalten zu überfordern. Dennoch ist es wichtig, Gemeinsamkeiten und Unterschiede zu entdecken und somit eine Grundlage für spätere Auseinandersetzungen zu schaffen.

Auch die Geschichte Martin Luthers kann nur in Ansätzen erarbeitet werden, da diese Thematik (insbesondere die Aspekte Ablass, Thesen und die Kontroversen zwischen Papst, Kaiser und Martin Luther) für Grundschulkinder schwer verständlich und sehr abstrakt ist. Jedoch ist es wichtig, Grundkenntnisse über die Person Martin Luther und dessen reformatorischem Anliegen zu haben.

Ziele der Unterrichtsreihe:

Die Kinder haben die Möglichkeit, …

- sich bewusst zu machen, dass Christen zu verschiedenen Konfessionen gehören.
- Gemeinsamkeiten und Unterschiede der Konfessionen kennenzulernen.
- zu verstehen, dass christliche Gemeinden trotz Unterschieden eine Gemeinschaft bilden.
- die Gründe der Trennung in Ansätzen zu verstehen.
- evangelische und katholische Feste und Feiertage kennenzulernen.
- in Gebeten Gott zu loben, zu preisen und zu danken.

Verlauf der Reihe:

- Ein Schiff, das Ökumene heißt
- Verschieden und doch eins
- Stationslauf

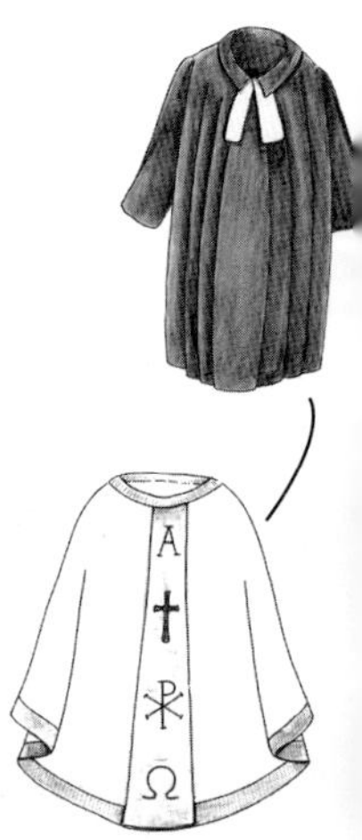

Ein Schiff, das Ökumene heißt (1)

Einstieg im Stuhlkreis:
- Gestaltete Mitte:
  - blaue Tücher als Untergrund, Kerze in der Mitte
- Rituale:
  - Kerze anzünden
  - Lied: Gott, dein guter Segen
  - Gefühlsrunde (s. S. 5)
  - Stilleübung (s. S. 5)

Benötigte Materialien:
- blaue Tücher / Kerze
- Gefühlswürfel / Klangkugeln
- Wortkarten „katholisch“, „evangelisch“, „Ökumene“ (s. S. 39)
- weißes DIN-A4-Papier
- Holzstäbe oder Strohhalme
- Symbol der Ökumene (groß)
- jeweils 1 Segel pro Kind (Die Vorlage entsprechend der Anzahl der Kinder kopieren.)
- 1 gebasteltes Schiffchen

Erarbeitung:
Die Lehrkraft legt die Wortkarten „katholisch“, „evangelisch“, „Ökumene“ in die gestaltete Mitte.
Die Kinder äußern sich spontan. Ggf. werden sie durch Impulse hingeführt, ihre Vorerfahrungen und ihr Wissen zu aktivieren. Oftmals haben die Kinder keine Vorerfahrungen bezüglich des Begriffs „Ökumene“.

Folgender Text veranschaulicht die Bedeutung:

> Evangelische und katholische Christen sind im Religionsunterricht und im Gottesdienst getrennt. Dabei sagen viele Christen: Wir gehören zusammen. Wir glauben an denselben Gott, an Jesus und lesen in derselben Bibel. Außerdem feiern wir viele gemeinsame Feste und singen die gleichen Lieder in beiden Kirchen. Auch gemeinsame Gebete wie das Vaterunser und das Glaubensbekenntnis sprechen wir im Gottesdienst. Ein Wunsch vieler Menschen ist die Gemeinschaft aller Christen. Dieser Wunsch wird durch ein Bild dargestellt.

Die Lehrkraft legt das passende Bild (s. Kopiervorlage S. 39) zum Oberbegriff „Ökumene“ dazu.
Die Kinder erklären die Bildbedeutung, ggf. mit Hilfe von Impulsfragen:
- Überlege, warum ein Schiff gewählt wurde und kein Haus oder Ähnliches.
- Welche Bedeutung haben die Wellen?
- Wer lenkt das Schiff?
- Kennst du eine Bibelgeschichte, in der ein Boot / ein Schiff vorkommt?
- Was ist mit dem Ausspruch „Wir sitzen alle in einem Boot“ gemeint?

Ergänzend liest die Lehrkraft den Text zur Bildbedeutung vor:

> Das Schiff war immer schon ein Bild für die christliche Kirche. Wenn man in einem Schiff sitzt, geht es auf und ab, die Wellen bewegen sich auf und ab, mal ruhig und mal stürmisch. Wir können uns Jesus als Steuermann vorstellen und brauchen uns nicht zu fürchten. Wir Christen sitzen alle in einem Boot, es kann nicht gut sein, dass es Trennungen zwischen evangelischen und katholischen Christen gibt.

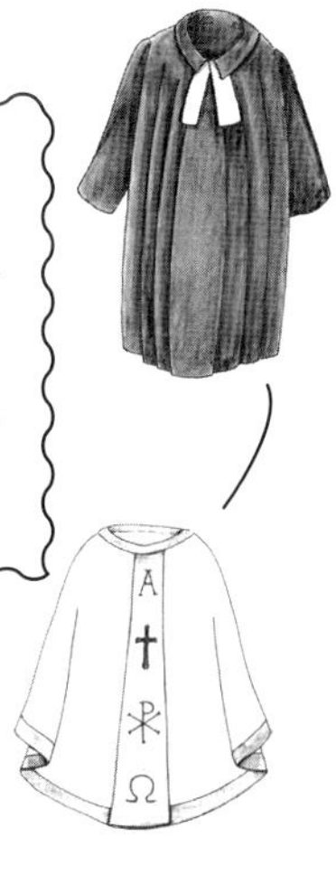

BVK PA213 • Sonja Schneider / Katja Zigan: Kirche, Gottesdienst und Ökumene

Ein Schiff, das Ökumene heißt (2)

Arbeitsauftrag:
Bastle das Schiff der Ökumene. Dazu benötigst du ein weißes Blatt Papier für das Schiff, einen Holzstab oder einen Strohhalm als Mast und ein Segel. Falte das Boot (ggf. gemeinsam), schneide das Segel aus und klebe es an den Mast. Befestige dann den Mast am Boot. Schreibe auf die eine Seite des Schiffes „katholisch“, auf die andere Seite „evangelisch“. Du kannst dein Schiff noch farblich gestalten.

Arbeitsphase:
Die Kinder basteln ihr Schiff der Ökumene. Erfahrungsgemäß fällt es einigen Kindern schwer, selbstständig ein Boot aus einem Blatt Papier zu falten. Deshalb wäre es sinnvoll, gemeinsam mit den Kindern die einzelnen Schritte durchzuführen oder Expertenkinder zu bestimmen, die bei Schwierigkeiten helfen können.

Abschluss:
Die Kinder platzieren ihre Schiffe auf dem blauen Tuch der gestalteten Mitte. Dazu wird noch einmal das Lied „Ein Schiff, das sich Gemeinde nennt“ gesungen.
Die Kinder erhalten an dieser Stelle noch einmal die Möglichkeit, sich über ihre Erfahrungen mit der Ökumene auszutauschen.

Bastelanleitung Schiff

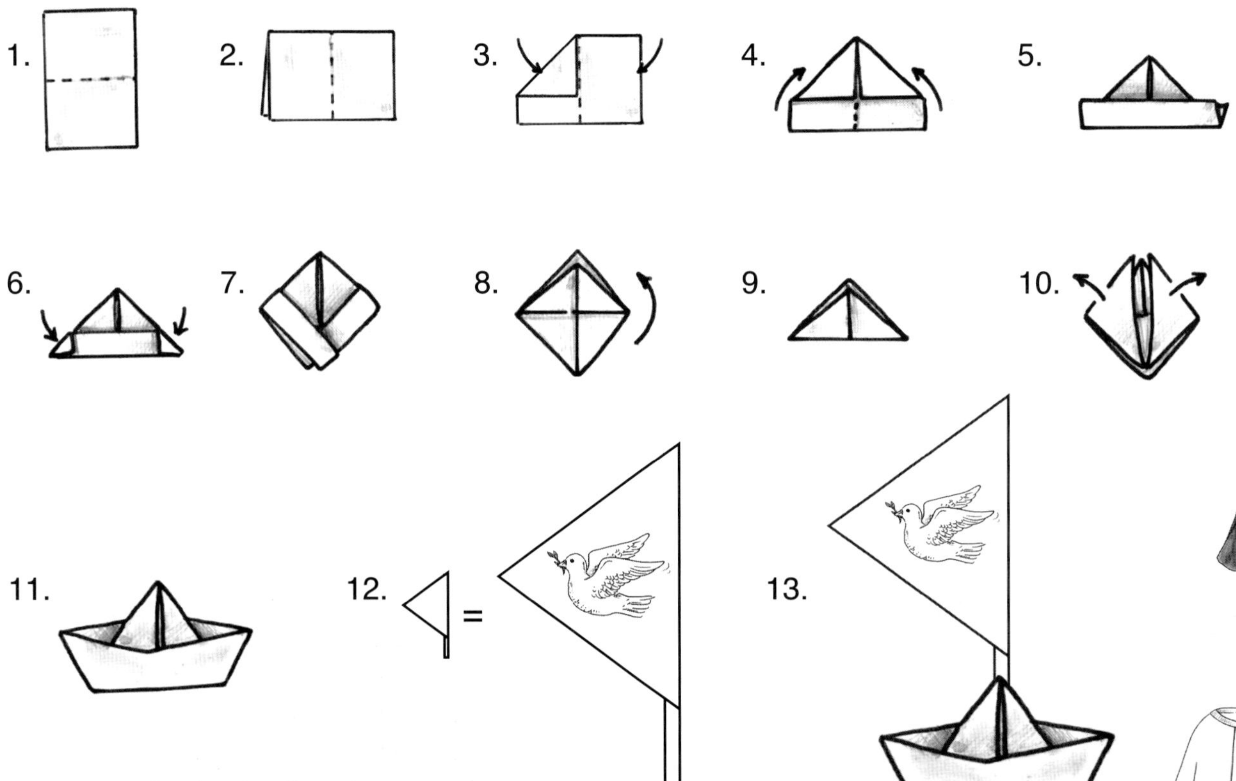

zu 12.: Papier für das Segel: 12 x 12 cm

Wortkarten katholisch – evangelisch – Ökumene

katholisch	**evangelisch**
Ökumene	

Zeichen für die Ökumene

Spruch für das Segel

Wir
Christen
sitzen alle
in einem
Boot

BVK PA213 • Sonja Schneider / Katja Zigan: Kirche, Gottesdienst und Ökumene

Verschieden und doch eins

Einstieg im Stuhlkreis:

– Gestaltete Mitte:
  - blaue Tücher als Untergrund, Kerze in der Mitte

– Rituale:
  - Kerze anzünden
  - Lied: Gott, dein guter Segen
  - Gefühlsrunde (s. S. 5)
  - Stilleübung (s. S. 5)

Benötigte Materialien:

- bunte Tücher / Kerze
- Gefühlswürfel / Klangkugeln
- ein gebasteltes Schiff der Ökumene
- ein großer Baum (s. S. 51, vergrößert auf DIN A3)
- Wortkarten „katholisch", „evangelisch", „Ökumene" in einem Kästchen (s. S. 49 u. 50)

Erarbeitung:

Die Lehrkraft legt den Baum in die gestaltete Mitte. Die Wurzeln (unter der Erde) und der Baumstamm symbolisieren die Gemeinsamkeiten der Christen (Glaube an Gott, Glaube an Jesus, gemeinsame Feste, Bibel etc.), die Baumkrone ist unterteilt in katholisch und evangelisch.

Nacheinander ziehen die Kinder jeweils eine Wortkarte (s. Kopiervorlage S. 49 f.), erklären den Begriff und ordnen ihn den jeweiligen Bereichen zu. Dabei können natürlich die Mitschüler beratend zur Seite stehen. Dadurch entwickelt sich ein Gespräch über die Vorerfahrungen der Kinder.

Tipp: Es bietet sich an, die Wortkarten auf den Baum zu kleben, damit dieser später als Hilfestellung und Lösung für die Station 3 dienen kann.

Arbeitsauftrag / Arbeitsphase:

An diese Erarbeitung schließt sich nun der Stationslauf an. Je nachdem wie erfahren die Lerngruppe mit der Arbeit und der Organisation eines Stationslaufes ist, werden die Stationen und der organisatorische Ablauf (Regeln, Sammeln der fertigen Arbeiten, Umgang mit dem Laufzettel etc.) mehr oder weniger ausführlich besprochen.

BVK PA213 • Sonja Schneider / Katja Zigan: Kirche, Gottesdienst und Ökumene

Stationslauf

Name: ____________________________ Klasse: ______________

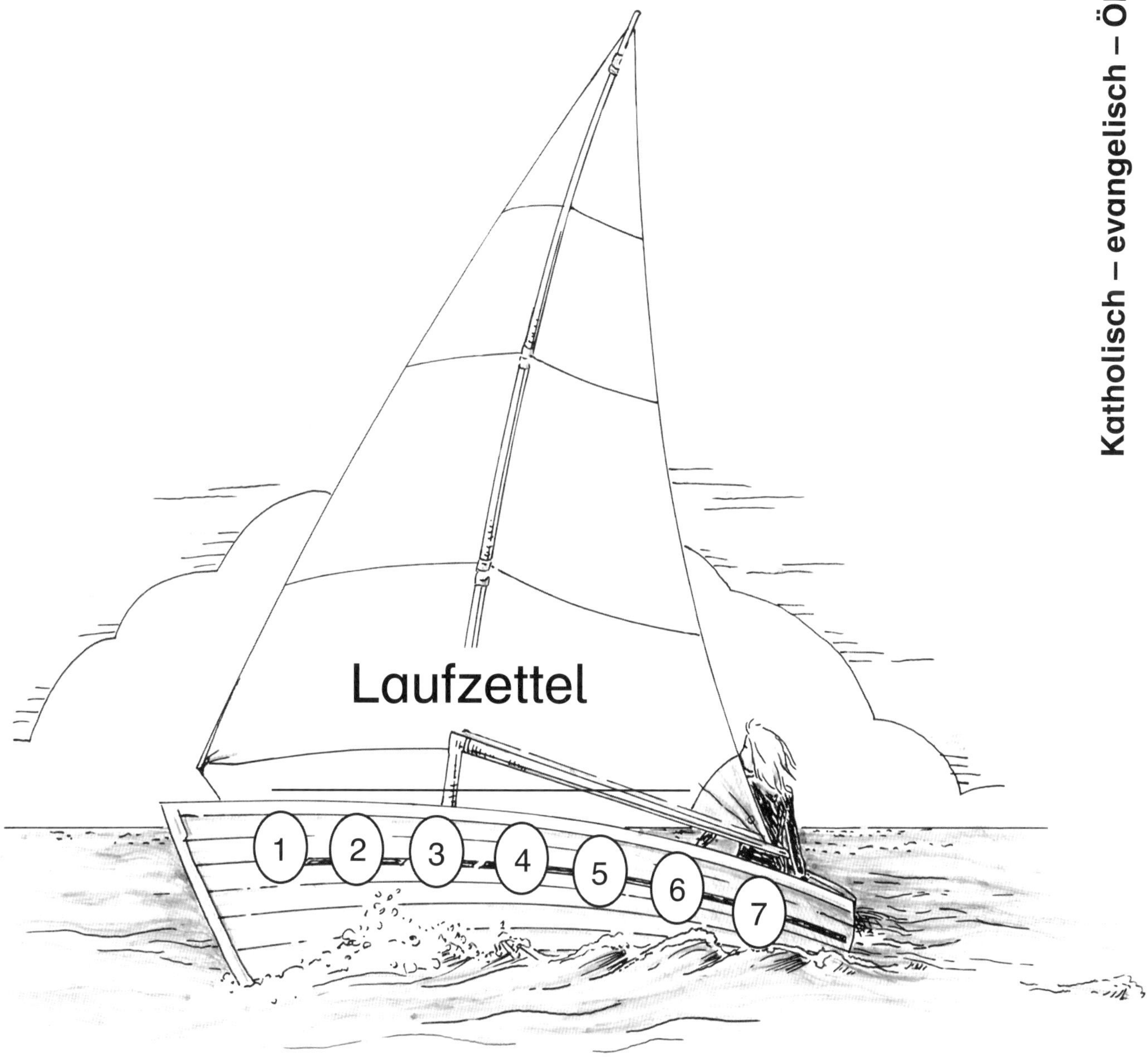

BVK PA213 • Sonja Schneider / Katja Zigan: Kirche, Gottesdienst und Ökumene

Domino

Station 1

katholisch – evangelisch – Ökumene

Du brauchst:
- Arbeitsblatt „Domino“
- Schere

Schneide die einzelnen Dominoteile aus.
Lege die Karten richtig zusammen oder suche dir einen Partner und spielt gemeinsam.

Konfessionenbaum

Station 2

katholisch – evangelisch – Ökumene

Du brauchst:
- Arbeitsblatt „Konfessionenbaum“
- Arbeitsblatt „Wortkarten“
- Schere
- Kleber

Schneide die Wörter aus.
Nimm dir ein Arbeitsblatt „Konfessionenbaum“.
Ordne die Wörter richtig zu.
Überprüfe mit dem Lösungsblatt.
Klebe die Wörter auf.

Suchsel

Station 3

katholisch – evangelisch – Ökumene

Du brauchst:

- Arbeitsblatt „Suchsel“
- Buntstifte
- Füller oder Bleistift

Finde die 5 Wörter (→ waagerecht und ↓ senkrecht).

Male sie bunt an.

Schreibe die Wörter auf die Linien.

Suchsel

Station 3

katholisch – evangelisch – Ökumene

Du brauchst:

- Arbeitsblatt „Suchsel“
- Buntstifte
- Füller oder Bleistift

Finde die 10 Wörter (→ waagerecht und ↓ senkrecht, Ö = OE).

Male sie bunt an.

Schreibe die Wörter auf die Linien.

Gebetswürfel

Station 4

Du brauchst:

- Arbeitsblatt „Würfelvorlage“
- Arbeitsblatt „Gebetsvorschläge“
- Schere
- Kleber
- Buntstifte

Wähle sechs Gebete aus.

Schneide sie aus und klebe sie auf die Würfelfelder.

Male die Felder mit Buntstiften an.

Schneide den Gebetswürfel aus.

Falte den Würfel entlang der Linien.

Klebe den Würfel an den Klebeflächen zusammen.

katholisch – evangelisch – Ökumene

Gebetswürfel

Station 4

Du brauchst:

- Arbeitsblatt „Würfelvorlage“
- Schere
- Kleber
- Buntstifte
- Füller oder Bleistift

Schreibe in jedes Würfelfeld ein Gebet.

Male die Felder mit Buntstiften an.

Schneide den Gebetswürfel aus.

Falte den Würfel entlang der Linien.

Klebe den Würfel an den Klebeflächen zusammen.

Tipp: Die Gebetsvorschläge können dir helfen.

katholisch – evangelisch – Ökumene

Station 5

Luther-Rose

Du brauchst:
- Arbeitsblatt „Luther-Rose“
- Buntstifte

Lies den Text.
Male die Luther-Rose in den richtigen Farben an.

katholisch – evangelisch – Ökumene

Station 5

Auf den Spuren Martin Luthers

Du brauchst:
- Arbeitsblatt „Auf den Spuren Martin Luthers“
- Schere
- Kleber
- 1 weißes Blatt

Schneide die Bilder und Texte aus.
Sortiere die Bilder und klebe sie untereinander auf.
Klebe den passenden Text dazu.
Kontrolliere deine Lösung.

BVK PA213 • Sonja Schneider / Katja Zigan: Kirche, Gottesdienst und Ökumene

Feste im Kirchenjahr-Spiel

Station 6

Du brauchst:

- Spielplan
- Spielfiguren
- Würfel
- Quizkarten
- Spielregeln

So geht es:

- Suche dir 2 – 3 Partner.
- Spielt das Quizspiel „Feste im Kirchenjahr“.

katholisch – evangelisch – Ökumene

BVK PA213 • Sonja Schneider / Katja Zigan: Kirche, Gottesdienst und Ökumene

Feste im Kirchenjahr – Spielregeln

Station 6

Material:

Spielplan • Spielfiguren • Würfel • Quizkarten • Spielregeln

- Würfelt der Reihe nach.
- Wer auf eine Kirche kommt, muss eine Quizkarte ziehen und sie dem Mitspieler an seiner rechten Seite geben.
- Der Mitspieler liest die Frage vor.
  Wenn die Antwort richtig ist, bedeutet das: 2 Felder vor.
  Wenn die Antwort falsch ist oder nicht beantwortet werden kann, bedeutet das: 2 Felder zurück.
- Wer zuerst auf dem Zielfeld ist, hat gewonnen.

„Domino“ (1)

Station 1

Start	Weihnachten		Bibel
	Gotteshaus		Orgel
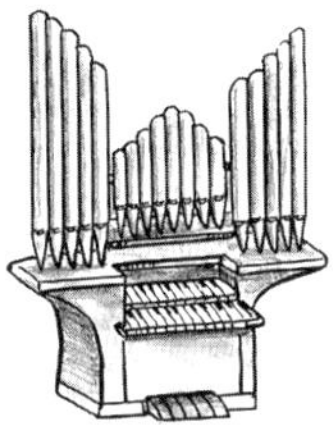	Vaterunser		Ostern
	Priester / Pfarrer		Glocken
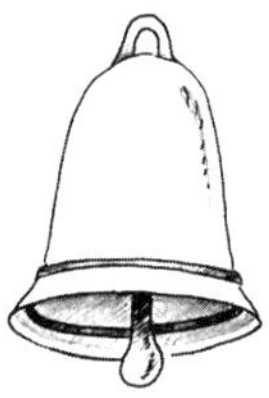	Kirchenfenster		Kreuz
	Messdiener		Gesangbuch
	Jesus Christus		**Ende**

„Domino“ (2)

Start	Weihnachten	Fest von der Geburt Jesu	Bibel
Buch auf dem Altar	Gotteshaus	anderes Wort für Kirche	Orgel
Musikinstrument in der Kirche	Vaterunser	gemeinsames Gebet in der Kirche	Ostern
Fest der Auferstehung Jesu	Priester / Pfarrer	Person, die den Gottesdienst leitet	Glocken
Sie rufen die Menschen zum Gottesdienst / zur Messe.	Kirchenfenster	Sie sind häufig bunt und erzählen biblische Geschichten.	Kreuz
Symbol des Christentums und Erinnerung an Jesus	Messdiener	Helfer in der katholischen Messe	Gesangsbuch
Liedersammlung für den Gottesdienst / die Messe	Jesus Christus	Sohn Gottes	**Ende**

BVK PA213 • Sonja Schneider / Katja Zigan: Kirche, Gottesdienst und Ökumene

Wortkarten katholisch

Messe	7 Sakramente	Kreuzzeichen
Beichtstuhl	Marienverehrung	Kommunion
Eucharistie	Firmung	Weihwasser
Priester	Tabernakel	Ewiges Licht
Allerseelen	Fronleichnam	Heilige Drei Könige
Zölibat	Messdiener	Papst

Messe	7 Sakramente	Kreuzzeichen
Beichtstuhl	Marienverehrung	Kommunion
Eucharistie	Firmung	Weihwasser
Priester	Tabernakel	Ewiges Licht
Allerseelen	Fronleichnam	Heilige Drei Könige
Zölibat	Messdiener	Papst

Wortkarten evangelisch

Gottesdienst	2 Sakramente	Reformation
Konfirmation	Abendmahl	Martin Luther
Pfarrer / Pfarrerin	Allerheiligen	Talar

Wortkarten evangelisch

Gottesdienst	2 Sakramente	Reformation
Konfirmation	Abendmahl	Martin Luther
Pfarrer / Pfarrerin	Allerheiligen	Talar

Wortkarten Ökumene

Ostern	Weihnachten	Advent
Bibel	Glaubensbekenntnis	Vaterunser
Christi Himmelfahrt	Jesus	10 Gebote
Altes Testament	Neues Testament	
1 500 Jahre gemeinsame Geschichte		

Ostern	Weihnachten	Advent
Bibel	Glaubensbekenntnis	Vaterunser
Christi Himmelfahrt	Jesus	10 Gebote
Altes Testament	Neues Testament	
1 500 Jahre gemeinsame Geschichte		

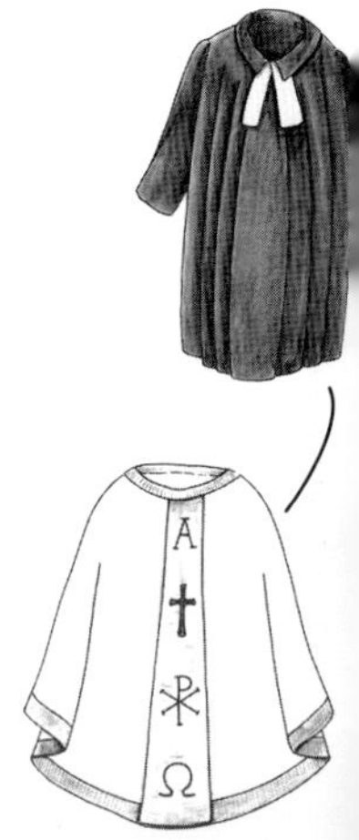

BVK PA213 • Sonja Schneider / Katja Zigan: Kirche, Gottesdienst und Ökumene

Konfessionenbaum

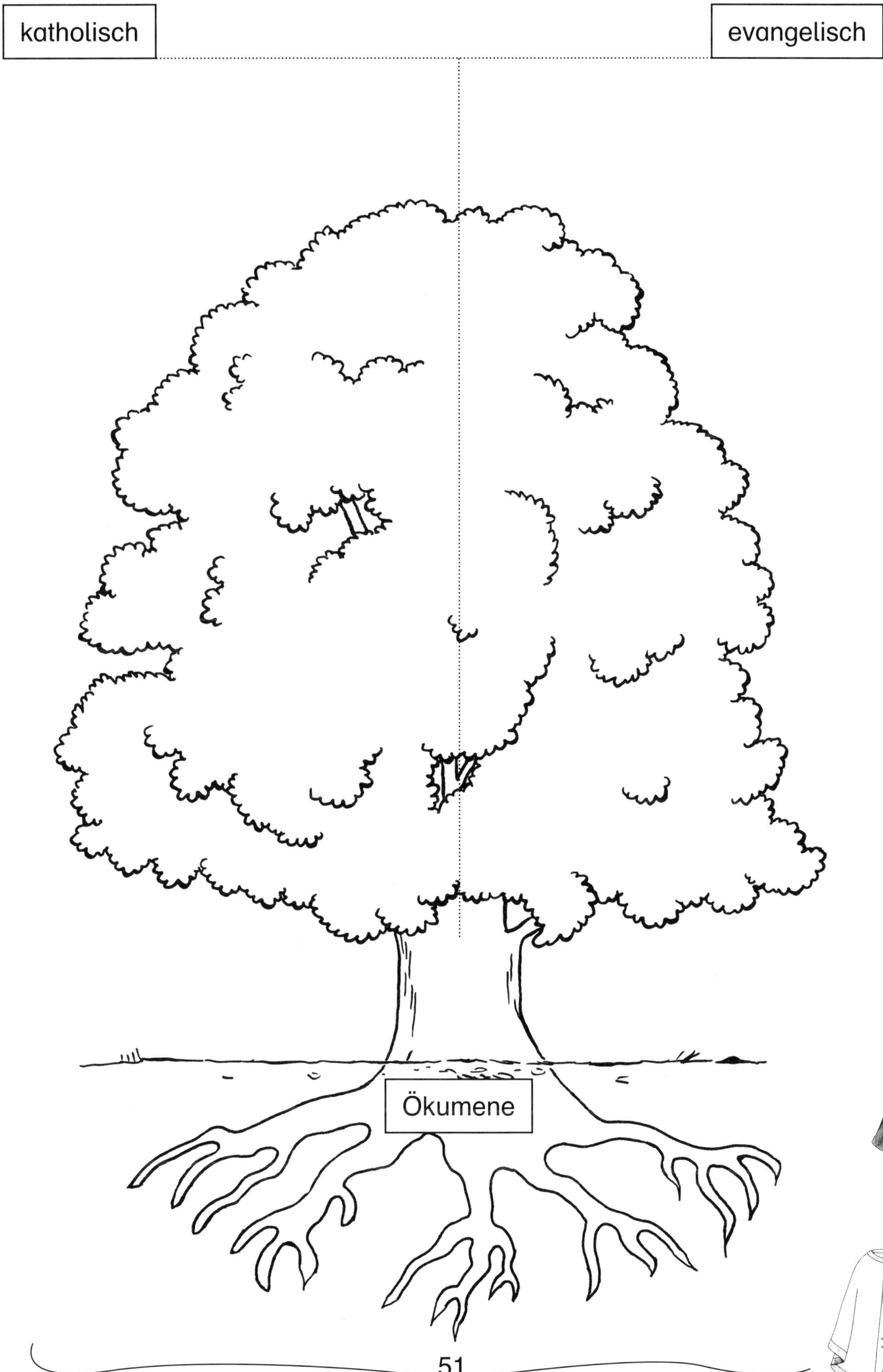

BVK PA213 • Sonja Schneider / Katja Zigan: Kirche, Gottesdienst und Ökumene

Suchsel

T	O	X	D	P	W	C	S	B	I	K
R	E	F	O	R	M	A	T	I	O	N
U	N	M	T	A	X	D	S	B	U	R
Z	B	I	F	L	E	V	S	E	C	H
J	E	S	U	S	V	E	M	L	I	U
M	K	L	T	C	H	N	K	T	P	X
L	P	R	I	E	S	T	E	R	H	F

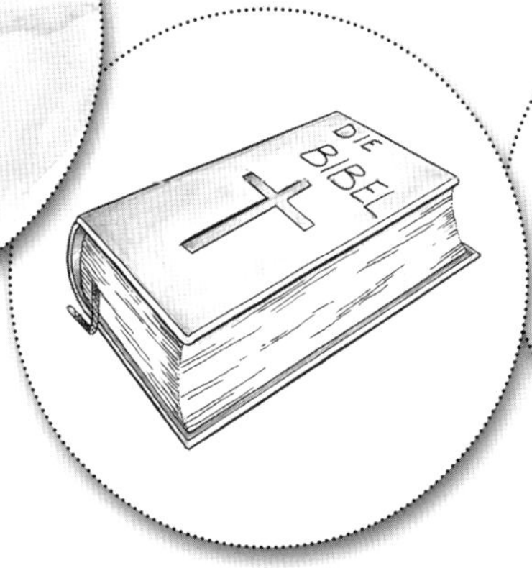

BVK PA213 • Sonja Schneider / Katja Zigan: Kirche, Gottesdienst und Ökumene

Suchsel

W	I	K	M	V	B	T	U	L	X	O	M	A	P
E	B	O	Z	N	L	O	S	T	E	R	N	I	A
I	K	N	Y	S	E	C	N	D	L	S	X	L	P
H	A	F	N	E	X	L	S	C	H	G	U	P	S
W	E	I	H	N	A	C	H	T	E	N	B	F	T
A	P	R	E	L	M	S	S	U	Y	W	N	A	G
S	C	M	X	O	S	M	E	S	S	E	B	R	U
S	B	A	K	Z	R	G	O	P	T	M	E	R	P
E	F	T	N	V	A	T	E	R	U	N	S	E	R
R	O	I	S	H	L	S	S	M	Q	J	K	R	N
D	M	O	E	K	U	M	E	N	E	K	G	Q	I
O	E	N	W	S	C	P	R	I	E	S	T	E	R

Würfelvorlage

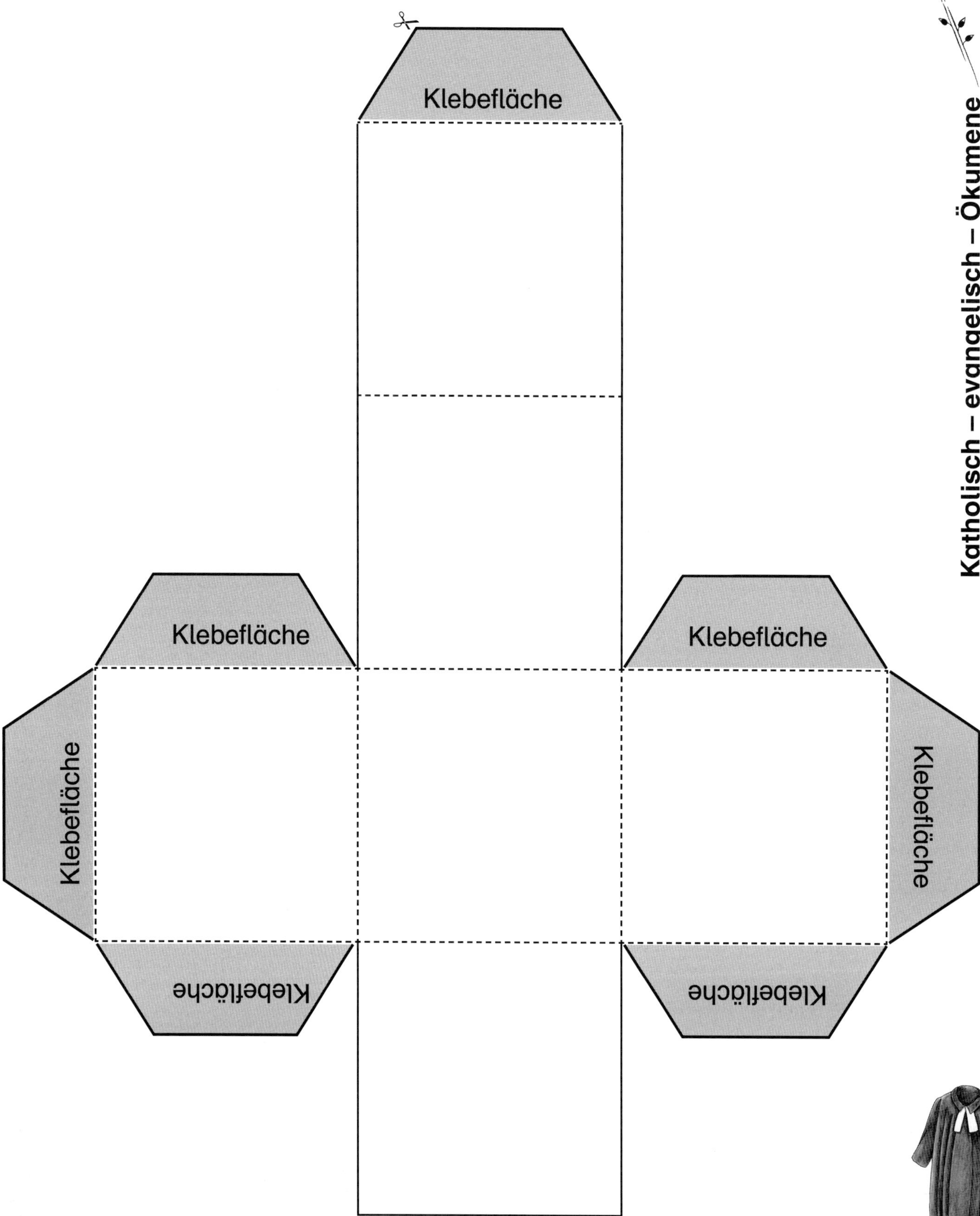

Gebetsvorschläge

Station 4

Wo ich gehe, wo ich stehe, bist du, lieber Gott, bei mir. Wenn ich dich auch niemals sehe, weiß ich sicher, du bist hier. Amen.	Halte zu mir, guter Gott, heut den ganzen Tag. Halt die Hände über mich, was auch kommen mag. Amen.	Danke für die Zeit zum Spielen, für die Freude, die du schenkst. Danke, Gott, für diesen Morgen, danke, dass du bei mir bist. Amen.
Lieber Gott! Deine Welt ist wunderbar. Ich danke dir für alles Schöne. Amen.	Jedes Tierlein hat sein Essen, jedes Blümlein trinkt von dir, hast auch uns heut nicht vergessen. Lieber Gott, wir danken dir. Amen.	Segne, Vater, unser Essen. Segne, Vater, unser Brot. Lass uns jene nicht vergessen, die da hungernd sind in Not. Amen.
Danke für den schönen Tag, er war so, wie ich ihn mag. Hab gespielt, getanzt, gelacht, nun wünsch mir eine gute Nacht. Amen.	Herr, du hast mich heut bewacht, beschütz mich auch in dieser Nacht. Du sorgst für alle, groß und klein, drum schlaf ich ohne Sorgen ein. Amen.	Lieber Gott, du bist immer in meiner Nähe und an meiner Seite. Du hast mich lieb. Das macht mich froh. Amen.
Lieber Gott, ich danke dir, dass ich eine Familie habe. Ich bin froh, dass ich nicht alleine bin. Ich bitte dich, beschütze alle, die ich gern habe. Amen.	Herr, nicht allen Kindern geht es so gut wie mir. Ich bitte dich, sorge dafür, dass ihre Not ein Ende hat und sie wieder lachen können. Amen.	Herr, es gibt so viel Streit, Krieg und Leid auf der Welt. Bitte lass die Menschen in Frieden miteinander leben können. Amen.
Lieber Gott, ich danke dir für meine Freunde. Es ist so schön, mit ihnen zu spielen und zu lachen. Amen.	Alle guten Gaben, alles, was wir haben, kommt, o Gott, von dir. Wir danken dir dafür. Amen.	Den bunten Regenbogen hat Gott uns einst geschenkt, als Zeichen seiner Liebe und weil er an uns denkt. Amen.

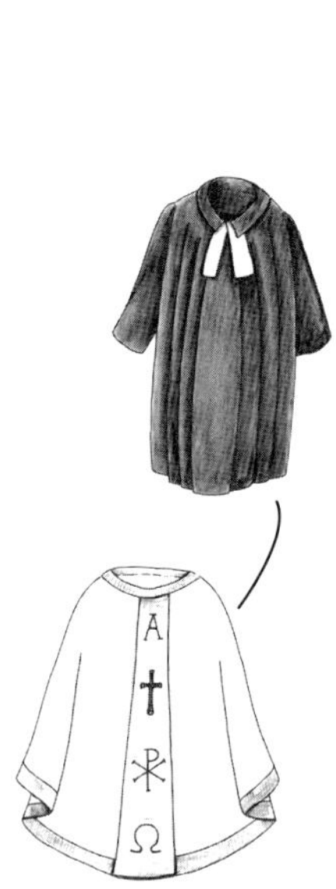

Luther-Rose

Früher wurde in der Kirche Lateinisch gesprochen. Das ist eine fremde Sprache, die nur wenige Menschen verstehen konnten. Dadurch konnten sie auch die Bibel nicht lesen.
Vor über 500 Jahren hat ein Mann namens Martin Luther die Bibel in die deutsche Sprache übersetzt. Auch Gottesdienste hielt er in deutscher Sprache. Alle Menschen sollten die Geschichten von Gott und von Jesus verstehen. Die Gottesdienste von Martin Luther nannte man evangelisch.

Das Zeichen unten heißt Luther-Rose und erinnert an Martin Luther.
Male die Luther-Rose so an:

- das Herz:	rot
- das Kreuz:	schwarz
- die Rose:	weiß
- das Feld um die Rose:	blau
- den Ring:	gold

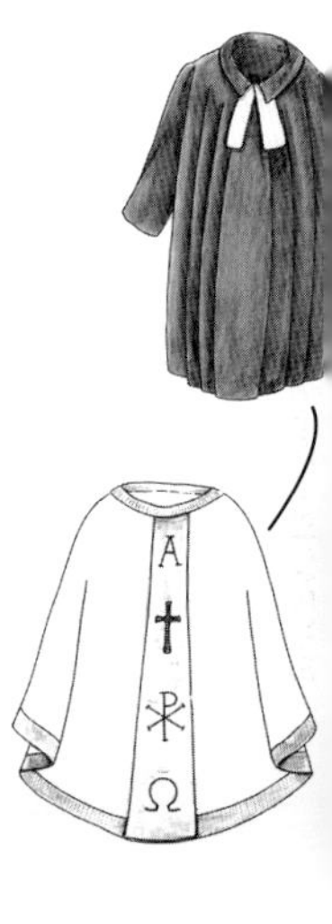

Auf den Spuren Martin Luthers

 1.	Martin las oft in der Bibel und entdeckte viele Geschichten über einen liebenden und barmherzigen Gott. Gott ist wie ein guter Vater, der vergibt.
 2.	Dort übersetzte er als Erster die Bibel in die deutsche Sprache, damit jeder die frohe Botschaft lesen konnte.
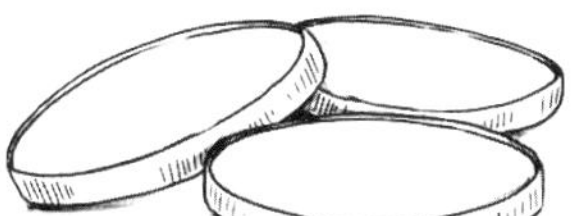 3.	Er war mit der Kirche zu seiner Zeit nicht zufrieden. Die Menschen hatten Angst vor Gottes Strafe und mussten Geld bezahlen, um nicht bestraft zu werden (Ablasshandel). Das fand Martin falsch.
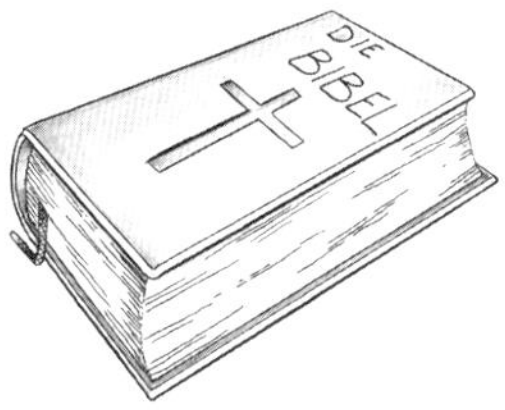 4.	Martin Luther wurde am 10. November 1483 in Eisleben geboren.
 5.	Martin wurde Mönch und ging ins Kloster. Später wurde er Priester.
 6.	Martin fand viele Anhänger und wollte die Kirche erneuern. Das wollten aber der Papst und viele Bischöfe nicht. Es kam zum Streit und bald zur Trennung der Kirche in evangelische und katholische Christen.
 7.	Der Papst schloss Martin aus der Kirche aus und er musste sich auf der Wartburg verstecken.
 8.	Martin protestierte mit 95 Thesen gegen den Ablasshandel und geriet in einen Streit mit dem Papst und dem Kaiser.

BVK PA213 • Sonja Schneider / Katja Zigan: Kirche, Gottesdienst und Ökumene

Feste im Kirchenjahr – Quizkarten

Wie heißt die Zeit, in der wir auf Weihnachten warten? *Advent*	An welchem Tag feiern wir Nikolaus? *6. Dezember*	An welchem Tag feiern wir den Heiligen Abend? *24. Dezember*	Was feiern wir an Weihnachten? *Geburt Jesu*
Wie heißen die Heiligen Drei Könige? *Caspar, Melchior, Balthasar*	Wann feiern wir das Fest der Heiligen Drei Könige? *6. Januar*	Wann zog Jesus in Jerusalem ein? *Palmsonntag*	Wann feierte Jesus das letzte Abendmahl mit seinen Jüngern? *Gründonnerstag*
Wann starb Jesus am Kreuz? *Karfreitag*	Wann ist Jesus auferstanden? *Ostersonntag*	Welches Fest feiern wir 40 Tage nach Ostern? *Christi Himmelfahrt*	Welches Fest wird auch als „Geburtstag der Kirche" bezeichnet? *Pfingsten*
Welches Fest findet am zweiten Donnerstag nach Pfingsten statt? *Fronleichnam*	Welches Fest feiern wir am ersten Sonntag im Oktober? *Erntedank*	Wie nennt man den Tag, der an die Trennung der katholischen und evangelischen Kirche erinnert? *Reformationstag*	Wann feiern wir Allerheiligen? *1. November*
Was feiern wir am 11. November? *St. Martin*	Wie nennt man den Ewigkeitssonntag auch? *Totensonntag*		

BVK PA213 • Sonja Schneider / Katja Zigan: Kirche, Gottesdienst und Ökumene

Start
Ziel
DIE BIBEL

Lieder

„Gott, dein guter Segen"

2. Gott, dein guter Segen ist wie ein helles Licht, leuchtet weit allezeit in der Finsternis. Guter Gott, ich bitte dich: Leuchte und erhelle mich. Lass mich unter deinem …

3. Gott, dein guter Segen ist wie des Freundes Hand, die mich hält, die mich führt in ein weites Land. Guter Gott, ich bitte dich: Führe und begleite mich. Lass mich …

„Du bist da, wo Menschen leben"

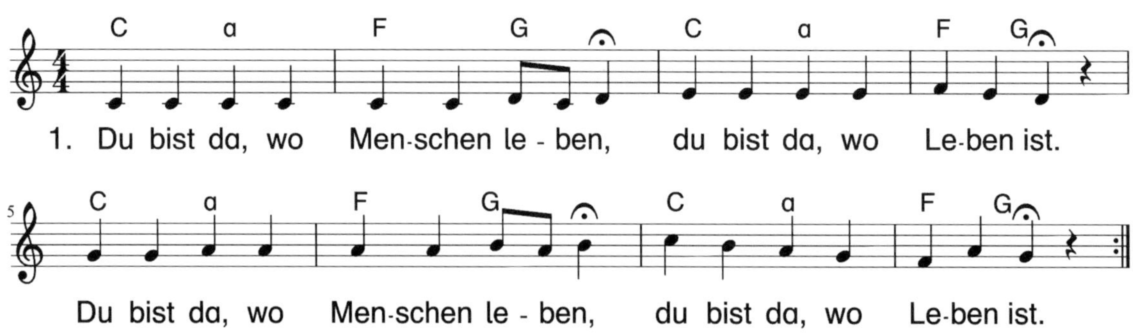

2. Du bist da, wo Menschen hoffen, du bist da, wo Hoffnung ist.

3. Du bist da, wo Menschen lieben, du bist da, wo Liebe ist.

Lieder

„Lasst uns miteinander“

„Wo zwei oder drei“

Wo zwei oder drei
in meinem Namen versammelt sind,
da bin ich mitten unter ihnen.
Wo zwei oder drei
in meinem Namen versammelt sind,
da bin ich mitten unter ihnen.

Buchvorlage „Mein Gebetbuch"

Mein Gebetbuch

Name: ______________________

Lösungen

zu S. 52

								B		
R	E	F	O	R	M	A	T	I	O	N
						D		B		
						V		E		
J	E	S	U	S		E		L		
						N				
	P	R	I	E	S	T	E	R		

zu S. 53

W		K											P
E		O				O	S	T	E	R	N		A
I		N											P
H		F										P	S
W	E	I	H	N	A	C	H	T	E	N		F	T
A		R										A	
S		M				M	E	S	S	E		R	
S		A										R	
E		T		V	A	T	E	R	U	N	S	E	R
R		I										R	
		O	E	K	U	M	E	N	E				
		N				P	R	I	E	S	T	E	R

Lösungen zu S. 57

 1.	Martin Luther wurde am 10. November 1483 in Eisleben geboren.
 2.	Martin wurde Mönch und ging ins Kloster. Später wurde er Priester.
 3.	Er war mit der Kirche zu seiner Zeit nicht zufrieden. Die Menschen hatten Angst vor Gottes Strafe und mussten Geld bezahlen, um nicht bestraft zu werden (Ablasshandel). Das fand Martin falsch.
 4.	Martin las oft in der Bibel und entdeckte viele Geschichten über einen liebenden und barmherzigen Gott. Gott ist wie ein guter Vater, der vergibt.
 5.	Martin protestierte mit 95 Thesen gegen den Ablasshandel und geriet in einen Streit mit dem Papst und dem Kaiser.
 6.	Der Papst schloss Martin aus der Kirche aus und er musste sich auf der Wartburg verstecken.
 7.	Dort übersetzte er als Erster die Bibel in die deutsche Sprache, damit jeder die frohe Botschaft lesen konnte.
 8.	Martin fand viele Anhänger und wollte die Kirche erneuern. Das wollten aber der Papst und viele Bischöfe nicht. Es kam zum Streit und bald zur Trennung der Kirche in evangelische und katholische Christen.

BVK PA213 • Sonja Schneider/Katja Zigan: Kirche, Gottesdienst und Ökumene